Dominic de Souza

Vencer 360°
Equilibrando a vida

Literare Books
INTERNATIONAL
BRASIL · EUROPA · USA · JAPÃO

Copyright© 2021 by Literare Books International
Todos os direitos desta edição são reservados à Literare Books International.

Presidente:
Mauricio Sita

Vice-presidente:
Alessandra Ksenhuck

Diretora executiva:
Julyana Rosa

Diretora de projetos:
Gleide Santos

Relacionamento com o cliente:
Claudia Pires

Assistente de projetos:
Amanda Leite

Capa, projeto gráfico e diagramação:
Gabriel Uchima

Ilustrações:
Ana Paula Trevisan

Vetor página 102:
http://www.freepik.com
Designed by pch.vector

Revisão:
Luciana Mendonça

Impressão:
Impressul

Dados Internacionais de Catalogação na Publicação (CIP)
(eDOC BRASIL, Belo Horizonte/MG)

S729v   Souza, Dominic de.
　　　　　Vencer 360º / Dominic de Souza. – São Paulo, SP: Literare Books International, 2021.
　　　　　16 x 23 cm

　　　　　ISBN 978-65-5922-131-8

　　　　　1. Literatura de não-ficção. 2. Vendas. 3. Sucesso. I. Título.
　　　　　　　　　　　　　　　　　　　　　　　　　　　　CDD 658.85

Elaborado por Maurício Amormino Júnior – CRB6/2422

Literare Books International.
Rua Antônio Augusto Covello, 472 – Vila Mariana – São Paulo, SP.
CEP 01550-060
Fone: +55 (0**11) 2659-0968
site: www.literarebooks.com.br
e-mail: literare@literarebooks.com.br

Dedicatória

Neste livro eu conto uma trajetória de muitos sucessos e grandes fracassos.

Mas nada se compara ao fato de ser pai pela segunda vez e o privilégio de ter um casal de filhos.

Dediquei meu primeiro livro ao Leleo, o segundo a minha esposa Paty e este dedico a nossa princesa Fefe, que nunca desgruda de nós e sempre nos surpreende.

E, por fim, dedico a todos os amigos e aos executivos que compartilharam e compartilham seu conhecimento comigo.

Prefácio

"Sua maior qualidade é seu maior defeito."

Me recordo bem do dia em que dei este *feedback* ao Dominic, amigo de longa data que gentilmente me convidou para escrever este prefácio.

E nunca me esqueço da sua cara de interrogação quando soltei a frase. Ao notar sua inquietação, prontamente esclareci: "Você é muito bom naquilo que faz, mas precisa ampliar seu repertório".

Meu recado ao Dominic era para que acreditasse em seu potencial e se jogasse nos projetos que acreditava. Eu sabia que ele podia chegar aonde quisesse depois de ter vivido em sua carreira tantos altos e baixos, tantas conquistas e desafios, como ele mesmo relata nas próximas páginas.

Dominic é daqueles vendedores de rara competência e poder de persuasão. É bom tomar cuidado com ele. Em uma conversa de 5 minutos é capaz que compre algo dele sem nem mesmo perceber.

Vencer 360° - Equilibrando a vida

O livro em suas mãos não poderia ter um título mais adequado – *Equilibrando a vida e aumentando as vendas*. Como um vendedor nato, Dominic realizou ao longo da sua jornada o que nos parece óbvio, mas poucos têm coragem para encarar: é preciso aprender com os próprios erros e, a partir da superação, enxergar novas oportunidades, criar novos conceitos e metodologias, abrir novas portas.

Foi assim quando, depois de ter sido meu fornecedor na HP/EDS, ele me procurou pedindo uma oportunidade na Informática, empresa de *Data Management* que eu liderava. Ele nem precisaria pedir. Eu sabia que sua bagagem em vendas e sua habilidade em "tirar coelhos da cartola" seriam fundamentais para nossos planos de crescimento.

E foi mesmo. Dominic abraçou a causa e alcançou resultados que, confesso, não chegaram a me surpreender em se tratando de um vendedor como ele, com muito sangue nos olhos e dotado de muita resiliência. Com o desenvolvimento de um plano matador para todos os canais de vendas, atingiu 140% da meta, comprovando sua indiscutível capacidade de desenvolver, treinar e executar.

Não à toa decidi entregar a ele a responsabilidade de segurar uma apresentação para mais de 40 CIOs no evento CIO Brasil. Tinha certeza de que ele daria conta do recado. Eu só não esperava que ele aparecesse vestido de... Superman!

Bem, depois do primeiro choque de vê-lo fantasiado foi inevitável pensar que, sim, um vendedor como Dominic só pode mesmo ser dotado de superpoderes. Se quer integrar esta liga de super-heróis, sugiro que devore as próximas páginas. Suas vendas vão voar!

Boa leitura!

Orlando Cintra

Feedback 1

Foi muito bom receber o novo livro do Dominic, profissional de vendas dedicado e inventivo, com quem tive a oportunidade de conviver durante vários anos de trabalho na SAP. Escrito em linguagem simples e coloquial, a leitura se transforma rapidamente numa "conversa com o autor". Para quem o conhece pessoalmente, e à medida que avança na leitura, é muito fácil imaginá-lo contando suas histórias. Ele desenvolve seus conceitos de desempenho superior em vendas e equilíbrio pessoal numa narrativa repleta de exemplos do cotidiano. E acrescenta suas experiências pessoais numa intensidade tal que, ao final do livro, você terá convicção que o conhece. E estará certo.

Luís César Verdi
https://www.linkedin.com/in/luiscesarverdi/

Feedback II

Dominic conseguiu juntar experiências de vida, conceitos e práticas no Win360º. É um método muito eficaz, explicado de forma lúdica e com exemplos do dia a dia. Para o leitor desfrutar e aplicar 360 graus em sua vida.

Reinaldo Yocida
https://www.linkedin.com/in/reinaldoyocida/

Feedback III

Dominic mais uma vez nos traz de forma simples, leve e concisa um guia de melhores práticas para quem quer ter sucesso na vida e nos negócios. Com a experiência de quem já atuou no mercado corporativo, empreendeu e experimentou os altos e baixos que a vida nos submete nos mostra também o quanto estar em um estado de equilíbrio corporal e mental é importante para superarmos com resiliência e atitude positiva os desafios que nos são impostos.

Joaquim Campos

https://www.linkedin.com/in/joaquim-campos-683257/

Vencer 360° - Equilibrando a vida

Feedback IV

Sabemos que sem vontade de vender, dificilmente atingiremos grandes resultados... no entanto, essa vontade, por maior que seja, deve estar acompanhada de sabedoria e inteligência. A sabedoria serve para se estabelecer um bom senso que nos leve a um "ganha-ganha", onde todos os envolvidos no processo de vendas saiam felizes e satisfeitos. Já a inteligência é utilizada para estabelecer uma disciplina no agir e garantir eficácia e eficiência no processo de vendas. Justamente por isso, fazemos uso de um "método", de preferência adotando um que seja prático e nos traga bons resultados. Faz mais de vinte anos que conheço Dominic de Souza, o suficiente para afirmar que ele é um vendedor de enorme vontade, dotado de sabedoria e bem-querer, cujo método empregado para vender foi sendo lapidado durante sua bem-sucedida carreira - e está maravilhosamente explicado em mais este livro, de linguagem simples, objetiva e acessível a todos. Meus parabéns, mais uma vez, ao meu Mestre de Vendas!

Marcio Di Lorenzi
https://www.linkedin.com/in/marciolorenzi/

Feedback V

Dominic se revela neste livro.

Ele e o método que desenvolveu. Dominic e seu método se revezam e se misturam, alternando o comando numa dança que nos envolve.

Uma dança com leveza, transparência, vulnerabilidade e, muito importante, com diversão.

E cativa o leitor. Me vi algumas vezes durante a leitura, ensaiando passos do Win360º.

Dominic, segue o baile! Te encontro em sua próxima criação!

Iaci Rios
https://www.linkedin.com/in/iaci-rios-1a219a/

Feedback VI

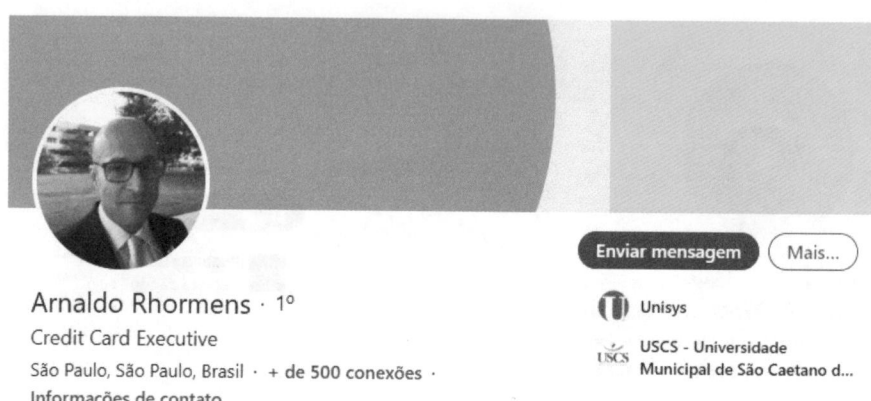

Mais uma vez, o Dominic fez uso de sua experiência pessoal, erros e acertos, e transformou sua vivência em uma metodologia que nos direciona para o sucesso pessoal e profissional. Tive a oportunidade de conhecer e vivenciar a metodologia WinnersMap e encontrei no Win360º uma grata evolução, uma metodologia simples, eficaz e baseada em conceitos do nosso dia a dia, o que facilita o entendimento e ilustra sua aplicabilidade.

Arnaldo Rhormens
https://www.linkedin.com/in/arnaldo-rhormens-2690bb1/

Feedback VII

Vivemos uma era de grandes transformações da sociedade, dos negócios, das relações humanas e dos indivíduos. No livro Vencer 360°, tive a oportunidade de experienciar a trajetória de transformação do Dominic, que nos ensina como as dificuldades são excelentes oportunidades de nos reinventarmos. É muito interessante conhecer como o autor desenvolveu uma metodologia de vendas simples e prática, baseada na sua história de vida, especialmente de como lidou corajosamente com seus acertos e fracassos. Leitura leve e ao mesmo tempo profunda sobre como podemos aproveitar melhor os tropeços da vida, para sermos mais efetivos e plenos em tudo que fazemos.

Alessandra Bomura Nogueira
https://www.linkedin.com/in/alessandrabomura/

Feedback VIII

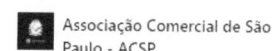

Dominic é uma pessoa incomum, cheio de energia, que busca inspirar as pessoas em todas as possibilidades de interação. Sua história é muito interessante e a forma como buscou ativar sua "roda da vida" tornou-se uma referência para quem quer trabalhar todas as áreas de forma harmoniosa. Eu recomendo a leitura de seu livro Vencer 360º. Já nas primeiras páginas, você vai perceber como ele retrata essa jornada de forma agradável e elucidativa. Boa leitura!

Roseli Garcia
https://www.linkedin.com/in/roseligarcia/

Feedback IX

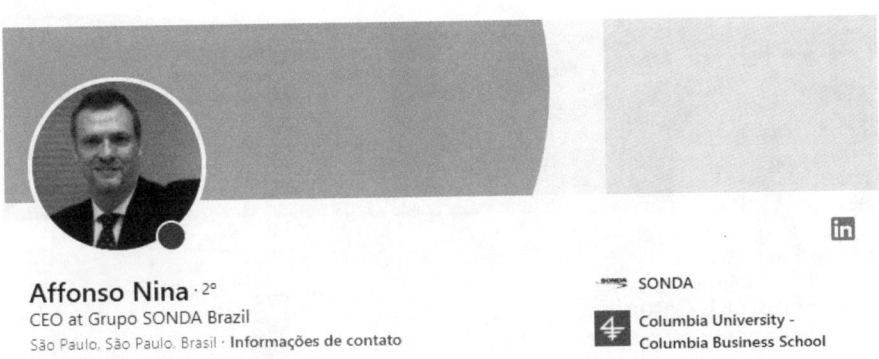

Neste livro, Dominic nos apresenta uma metodologia para a aplicação de uma visão de planejamento estratégico à busca pelo equilíbrio na vida pessoal. A partir dessa visão, o leitor é levado a conhecer diversos mecanismos de execução tática aplicados à busca pelo sucesso no mundo dos negócios e, mais especificamente, no tão complexo mundo das vendas.

Em uma linguagem leve, usando exemplos concretos da sua experiência pessoal, ele mostra um caminho que busca alcançar objetivos de longo prazo através de uma jornada de vários passos de aplicação imediata. Ao final do livro, cabe ao leitor definir seus objetivos, traçar os passos da sua jornada e... seguir em frente!

Affonso Nina
https://www.linkedin.com/in/affonso-nina-4613533/

Feedback X

Neste livro, o Dominic conseguiu juntar sua experiência em vendas com uma metodologia prática e direta para ser aplicada. Utilizando analogias com seus "tombos" durante sua carreira, o conteúdo é de fácil compreensão e principalmente muito útil para o dia a dia de qualquer pessoa, seja da área de vendas, executivos, empreendedores e estudantes que estão iniciando sua jornada. Além de todo conteúdo de vendas, conseguiu agregar um ponto importante para a nossa vida, que é justamente balancear a vida pessoal e profissional, com exemplos práticos, conseguiu virar um *Iron Man* através de metodologia e disciplina, dois pontos tão vitais para o mundo de vendas.

Fernando Catania
https://www.linkedin.com/in/fernandocatania/

Feedback XI

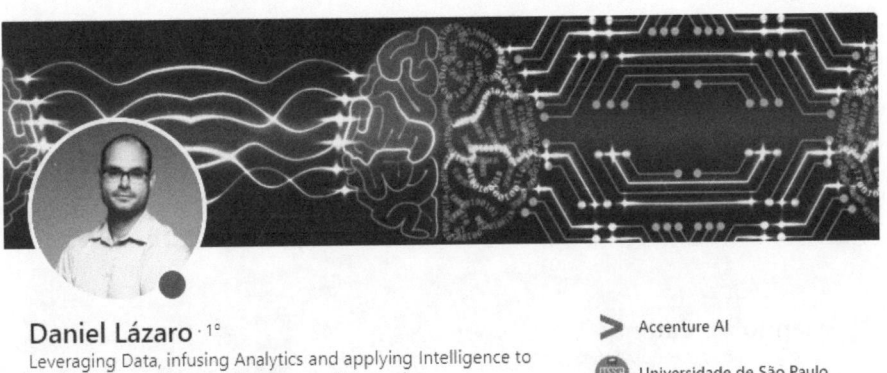

Daniel Lázaro · 1º
Leveraging Data, infusing Analytics and applying Intelligence to transform companies, relationships and the society.
São Paulo, São Paulo, Brasil · Informações de contato

Accenture AI
Universidade de São Paulo

Além de estar super em linha com todas as tendências de comunicação, engajamento e atuação corporativa; o modelo, mensagens e sugestões que o meu amigo Dominic apresenta no modelo do Win360º trazem um toque de realidade e autenticidade extraordinários.

A combinação entre a capacidade de destilar e contar uma estória de vida através de uma lente extremamente estruturada que tem o potencial de fazer com que os leitores se vejam, entendam, reflitam e incorporem de forma prática em seu dia a dia não é algo que observamos em diversas referências no mercado.

A coragem de dividir não apenas as histórias de sucesso, mas também as situações e "eventos de aprendizagem", e abrir seu próprio modelo de introspecção, revisão e reflexão; e além disso, ação e construção de ferramentas, que agora são compartilhadas com o grande público, faz valer muito a leitura, além de ser muito agradável, ser bastante útil e aplicável "já amanhã". Isso é muito valioso.

Daniel Lázaro
https://www.linkedin.com/in/dblazaro/

SUMÁRIO

CAPÍTULO I:
INTRODUÇÃO - O QUE A VIDA ME ENSINOU 23

CAPÍTULO II:
LIÇÕES DE VIDA QUE CRIARAM AS METODOLOGIAS 35

CAPÍTULO III:
DO WINNERSMAP AO WIN360° 65

CAPÍTULO IV:
WIN360° - DESENVOLVENDO O PLANO ESTRATÉGICO E OS EMERGENTES 87

CAPÍTULO V:
WIN360° - OBJETIVOS 99

CAPÍTULO VI:
STORYTELLING 165

CAPÍTULO VII:
COMO EU SAÍ DO OUTRO LADO 181

Capítulo 1

CAPÍTULO I:
Introdução – O que a vida me ensinou

Aprender a pegar o peixe e ensinar a pescar

Sou uma grande testemunha de que o mundo dá voltas. Em minhas décadas de vida, já enfrentei diversos altos e baixos, tive que lidar com pessoas de diferentes posturas e expectativas, encarei os revezes do destino e senti o peso das coincidências do acaso. Muitas vezes, precisei arriscar e confiar, tomei inúmeras decisões por mim e em nome de terceiros, muitas delas das quais ainda me orgulho e outras que, se fosse hoje, certamente agiria de outra forma.

Já me reinventei dezenas de vezes, atuei em áreas em que não tinha formação e me formei em uma área onde nunca atuei, mas sempre estive aberto a todos os tipos de aprendizados, por isso, continuo me reinventando, e felizmente não vejo uma linha de chegada nesse meu horizonte.

Depois de muita garra e trabalho, erros e acertos, hoje eu me considero uma pessoa bem-sucedida, porque percebi que o conhecimento mais valioso é, na verdade, o autoconhecimento, saber ouvir a voz interior da nossa intuição e confiar apenas no que é realmente verdadeiro, afinal, em muitas situações pequei por confiar demais, quando a vontade falou mais alto do que os desafios da realidade.

Em todos esses anos, fui aprendendo que são dos piores momentos, e dos nossos maiores erros, que tiramos as grandes lições. Diante de cada desafio, percebi que o importante era me manter firme em minhas metas e objetivos porque uma hora as tempestades sempre passam, os cenários mudam e você se edifica.

É claro que algumas dessas tempestades, às vezes, parecem enormes dilúvios. Mas eu tive uma grande lição sobre isso, logo quando quebrei pela primeira vez. A partir dessa minha primeira falência, eu aprendi que minhas maiores virtudes também podem ser meus maiores defeitos. E é curioso porque quando estamos vivendo o auge dessas situações desafiadoras, nada parece fazer sentido, mas o tempo se encarrega de nos mostrar o aprendizado de cada experiência mesmo depois da lição.

Era década de noventa, eu estudava fisioterapia, mas ainda não havia atuado, e meu pai sempre me disse que eu era ótimo vendedor, o que eu acho muito curioso e um tanto visionário, afinal, esse fato realmente veio a se confirmar algum tempo depois, e eu consegui bater minhas metas de vendas em todos os lugares que trabalhei.

Mas, naquela época, eu considero que isso era empolgação de pai, aquela expectativa que toda família deposita em seus filhos. Então, querendo juntar o útil ao agradável, meu pai me convidou para assumir as vendas da Tony Perry, uma pequena fábrica de *pallets* que abrimos, sonhando alto, em sociedade.

A ingenuidade da minha parte, afinal, eu era muito jovem e esse era o meu primeiro negócio, somada às melhores intenções do meu pai, nos fizeram acreditar que a conta era simples: vendendo bem, estamos bem. E, depois disso, vender muito nunca foi um problema para mim, mas, naquele momento, tornou-se um problema para a empresa.

Para se ter uma ideia, em números, a fábrica tinha uma capacidade de produzir cerca de 200 peças por mês, e a minha primeira venda foi de 5.000 *pallets*. Na época, eu não tinha nenhuma maturidade financeira, e como meu pai dizia para eu cuidar das vendas que ele cuidava da administração, não me preocupei, convicto de que, depois de tirar os pedidos, era só produzir, certo? Não.

Foi aquela loucura! Até pegamos um empréstimo no banco em uma tentativa de investir para aumentar nossa produção, mas, mesmo assim, não demos conta da demanda.

E outros problemas de gestão e administração fizeram com que, dois anos depois, esse sonho fosse para o buraco. Junto com a empresa, perdi também minha moto, o bem mais valioso para mim, na época, vendida para pagar as dívidas.

Recém-formado, falido e devendo R$ 200.000,00, no fundo eu sabia que jamais pagaria minhas dívidas sendo fisioterapeuta. Mas eu precisava de um plano emergencial de curto prazo que me fizesse enxergar uma luz no fim do túnel. Foi quando decidi mudar minha atuação e partir de vez para a área de vendas, desenvolvendo um plano de recuperação tático, empírico - nascido das minhas próprias experiências - que chamei de WinnersMap. Desde então, vender nunca foi um problema, meus resultados sempre estiveram em ascensão e esse plano de recuperação tático virou meu primeiro livro, publicado em 2006, com o passo a passo da minha metodologia de vendas.

Em mais de uma década de WinnersMap, tive a oportunidade de implementá-lo em grandes empresas, montar novas operações e trabalhar com líderes exponenciais e diferentes equipes, sempre colhendo os resultados positivos e assistindo à ascensão das vendas.

E diante do sucesso do livro, também comecei a ministrar cursos e palestras sobre essa técnica para estudantes de *marketing* e da área comercial, aos quais eu sou grato por alimentarem minha motivação e a vontade de sempre fazer mais pelas outras pessoas, na expectativa de um amanhã ainda melhor.

Porém, nessa trajetória, também percebi que, às vezes, não basta vender muito para ser um bom vendedor. Um vendedor é feito de práticas, mas um plano tático nem sempre é o suficiente. Quando negligenciamos outras áreas da vida em nome do mercado e da carreira, corremos o risco de resolver um problema a curto prazo, mas construir um problema ainda maior para o futuro.

Sempre me disseram que eu consigo vender os produtos mais inusitados, talvez até geladeira para esquimó! Mas o fato de ser um ótimo vendedor não me impediu de quebrar duas vezes, em 20 anos de carreira, acumulando R$ 700.000,00 em dívidas e mais de 30 kg neste corpo.

Por isso, hoje eu afirmo que tática nem sempre é suficiente em todos os cenários. É preciso um plano estratégico que ajude as pessoas a desenvolverem todos os aspectos prioritários da sua vida, e não apenas o lado profissional.

O WinnersMap sempre deu certo para alavancar minhas vendas, mas eu senti que precisava de um plano estratégico para realmente dar a volta por cima e contemplar todos os aspectos da minha vida.

Por isso, aliado ao plano tático, desenvolvi o método Win360°, um plano estratégico que eu apliquei em áreas fundamentais até então negligenciadas em minha vida: saúde e finanças pessoais.

Nos 13 em que dei aulas no INPG Business School, fui aprimorando o método e aplicando o Win360° em minha própria vida e, com isso, vem a sensação de ter entrado por uma porta e saído renovado do outro lado.

Hoje, já não tenho os 30 kg extras, quitei todas as minhas dívidas, continuo com as vendas crescendo e posso dizer que consegui dar a volta por cima, definitivamente, em minha vida. E se não fosse isso, hoje eu também não estaria escrevendo este livro para você.

Mas eu quero difundir o método Win360° porque realmente acredito que, assim como eu consegui, você também pode transformar a sua vida e sair do outro lado, e para isso não há fórmulas mágicas: é preciso realmente querer e não apenas precisar. Com este livro que você tem em mãos, eu apresentarei o meu método e te guiarei neste processo de transformação pessoal, com muita satisfação em poder ajudar você e todas as pessoas a viverem seu potencial em 360°.

Tenho diversas histórias sobre o meu processo de transformação pessoal para contar e inspirar vocês nessa jornada, mas uma coisa é fato: minha trajetória está repleta de "coincidências", pessoas e situações que apareceram e reapareceram em momentos cruciais, me levando a acreditar, como um lema pessoal, que a vida é feita por padrões que se repetem ciclicamente e que isso não é em vão, há sempre um grande aprendizado e uma enorme evolução por trás deles. E isso, eu também aprendi na pele.

Lembro que em 2006, meu filho havia acabado de nascer, eu estava em um ótimo momento na carreira, batendo todas as minhas metas, até que, em uma reunião, meu diretor surtou e, sem nenhum motivo aparente, decidiu me demitir.

Aquela situação consumiu toda a minha energia naquele momento, eu fiquei confuso e desorientado, afinal, havia cumprido todas minhas obrigações, batido as metas e, mesmo assim, a decisão parecia irreversível. O pior de tudo é que eu acabara de ser pai pela primeira vez, assim como a pessoa que me demitiu também havia se tornado pai um mês antes de mim. Eu não entendia como era possível ele fazer isso comigo naquele momento tão delicado.

Contudo, como sempre fiz nos desafios da minha vida, busquei olhar os pontos positivos desse momento, pude aproveitar para me aproximar ainda mais do meu filho, acompanhá-lo na primeira infância e tirar forças para seguir em frente, afinal, a família é o meu alicerce, a base fundadora e minha prioridade total, por isso sempre a mantive longe das minhas preocupações.

Mas aquele episódio ficou marcado em mim e, durante anos, sempre me perguntei onde eu havia errado, porém nunca cheguei a uma conclusão. De fato, há muitas coisas que não conseguimos entender ou enxergar nos momentos em que gostaríamos, por isso o tempo é o senhor da razão.

O tempo passou, a minha carreira seguiu e eu havia acabado de instalar um multinacional no Brasil. Eis que, sete anos após aquela demissão injustificada, o destino se impôs e esse meu antigo diretor apareceu me pedindo emprego. O mais inusitado, para mim, foi que ele se candidatou para ser meu líder na empresa que eu havia ajudado a instalar no país há pouco tempo.

Você pode imaginar o quanto minha esposa e meus amigos me desencorajaram dizendo "não seja louco de cometer esse erro, se ele já te prejudicou antes, é claro que vai fazer isso novamente". Mas eu pessoalmente não consigo guardar rancor de ninguém, independentemente do que aconteceu, eu desejo o bem a todos e sempre gostei de ajudar as pessoas.

Afinal, se ele estava pedindo emprego é porque precisava de dinheiro. Ele era um bom profissional e, se cumpria as exigências do cargo, não havia porque me opor à sua contratação. Meu diretor, na época, também falou que havia gostado do seu perfil, mas disse que a decisão estava realmente em minhas mãos.

Então, antes de fechar a contratação, aproveitei e perguntei por que ele havia me demitido anteriormente e por que eu deveria confiar nele agora. Eu não podia perder essa oportunidade, há muito tempo ansiava por aquela resposta. Mas ele respondeu genericamente, é claro, dizendo que não faria isso novamente e que só havia tomado aquela decisão porque achou que iria me beneficiar com a rescisão contratual e queria me incentivar a mudar de carreira.

Mesmo não engolindo aquela resposta, decidi que não seria eu que puxaria o tapete dele, afinal, ele estava passando dificuldades, como eu também passei, e eu não sou uma pessoa incoerente com os meus valores, por isso decidi contratá-lo.

O curioso é que essa história não durou muito porque, quatro meses depois, ele foi demitido. E o que mais me assusta nisso é que eu não fiz absolutamente nada contra ele, pelo contrário, eu realmente tentei ajudá-lo. Mas isso pelo menos me mostrou que eu não era o culpado pela minha demissão sete anos atrás.

De uma forma surpreendente foi como se para fechar esse ciclo, tivesse que aprender que ajudar os outros, independente daquilo que fizeram contra você, é uma das coisas mais importantes da vida, principalmente porque deixa a consciência tranquila, afinal, a sua parte você fez, agora o destino se encarrega do restante.

Assim, cada vez mais eu acredito que não basta aprender uma grande lição, é necessário passar para frente e ensiná-la a alguém. Com tudo isso, aprendi que fazendo o bem, você é capaz de desenvolver uma visão maior de vida e passa a enxergar a grandeza e a potencialidade que existem dentro de todos nós. Agora quero ajudar outras pessoas a também superarem seus desafios e serem bem-sucedidas, compartilhando os meus erros e acertos e, mais do que isso, criando oportunidades para quem realmente quer dar a volta por cima na vida.

Por isso, tenho um grande projeto pessoal, com o objetivo de oferecer capacitação e certificação do método Win360º de forma voluntária à população, em parceria com empresas que possam contratar esses profissionais certificados.

> Minha missão é ensinar a pescar e não dar o peixe. Com este livro, espero impactar e transformar a vida de muitas pessoas, para que elas também possam viver seu potencial em 360°.

Vencer 360° - Equilibrando a vida

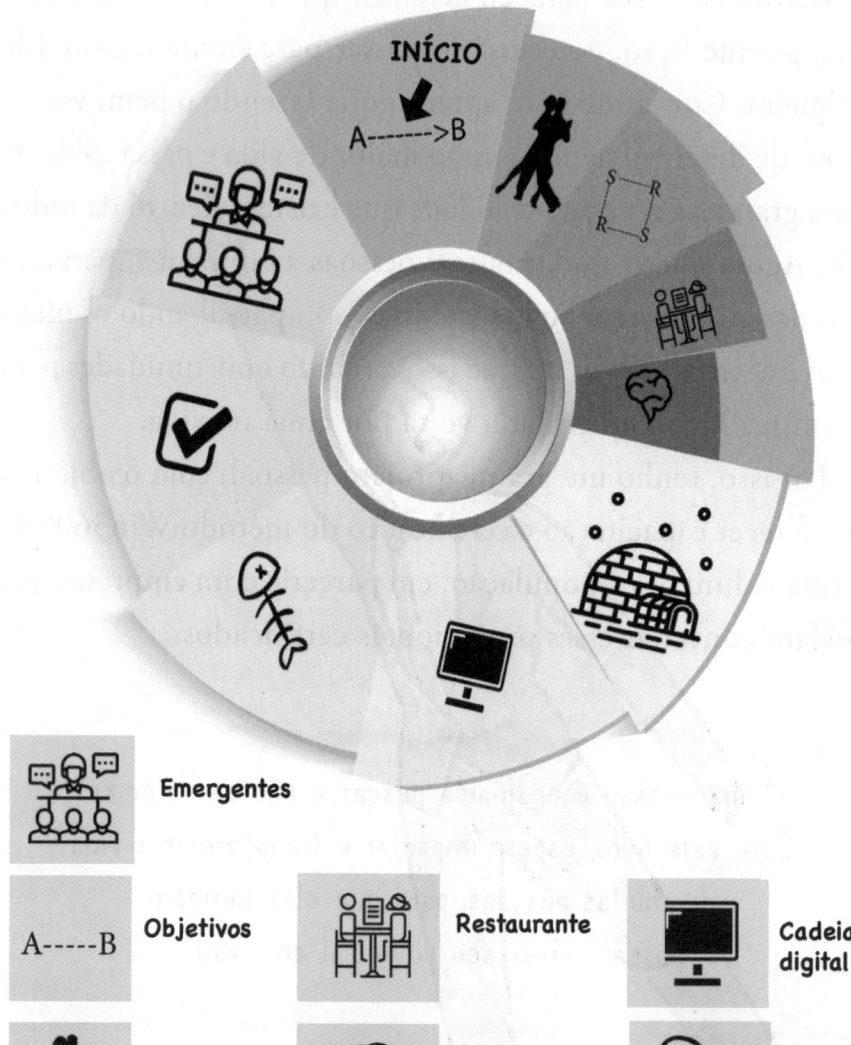

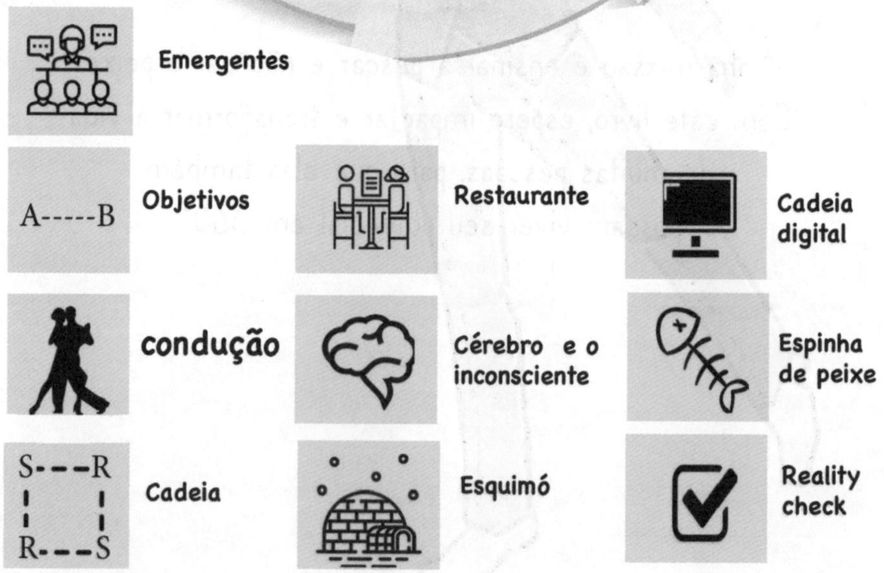

Capítulo II

CAPÍTULO II:
Lições de vida que criaram as metodologias

É natural que conforme seguimos vivendo, diariamente, nossas vidas, em meio à correria das grandes cidades e às tarefas e preocupações do cotidiano, não damos conta de processar conscientemente todos os desafios que superamos nem, muitas vezes, perceber onde eventualmente estamos errando.

E não é por falta de capacidade cerebral, afinal somos os seres cuja caixa craniana é a maior e a mais desenvolvida do reino animal. Porém a velocidade com que os eventos acontecem e as informações nos chegam hoje acabam fragmentando nossa atenção, a consequência disso é que passamos grande parte de nossas vidas sem ao menos nos dar conta daquilo que realmente somos, do nosso impacto no mundo e, principalmente, na vida das outras pessoas ao nosso redor.

Acontece que todo dia tem o seu aprendizado e é um desperdício deixar para aprender amanhã o que se pode e já é vivido hoje. Depois de muitas experiências surpreendentes e, às vezes, impressionantes, acredito que já possa me considerar um vencedor, simplesmente porque hoje eu consigo perceber como a minha história de vida – ou melhor – todas as histórias que já passei em minha vida – me transformaram em uma pessoa rica, e não estou falando necessariamente de dinheiro, mas, sim, rica em lições que tirei da própria vida e dos aprendizados na própria pele.

Vencer 360° - Equilibrando a vida

Por isso, sei que não importa o tamanho do problema que você esteja enfrentando, afinal na ausência de um plano, tudo pode ficar ainda pior, mas, sobretudo porque independentemente do quão você agiu certo ou errado, pelo simples fato de ter vivenciado esse problema, você já aprendeu com ele. Você enfrentou-o e cresceu com isso, amadureceu.

Por causa dessa grande lição, demorei um certo tempo até perceber isso, vivi situações que já me levaram a valiosos contratos, bons amigos e momentos incríveis, mas também às lágrimas, aos inconvenientes e às famosas puxadas de tapete, daqueles que tiram o seu fôlego.

Como a minha intenção, com este livro, é mostrar que a partir de um plano definido você pode, sim, sair do outro lado na sua vida, vou contar alguns episódios que marcaram a minha cronologia pessoal e profissional e me fizeram quem eu sou hoje.

Afinal, acredito que esse seja o modo mais transparente de mostrar como o plano estratégico Win360° foi, aos poucos, surgindo e sendo aperfeiçoando durante toda a minha vida, até eu realmente dar a volta por cima e conquistar o sucesso, não só profissional, mas que contemple todos os pilares importantes da vida em 360°.

Dominic de Souza

RELATO DE QUATRO EXPERIÊNCIAS QUE MARCARAM MINHA HISTÓRIA

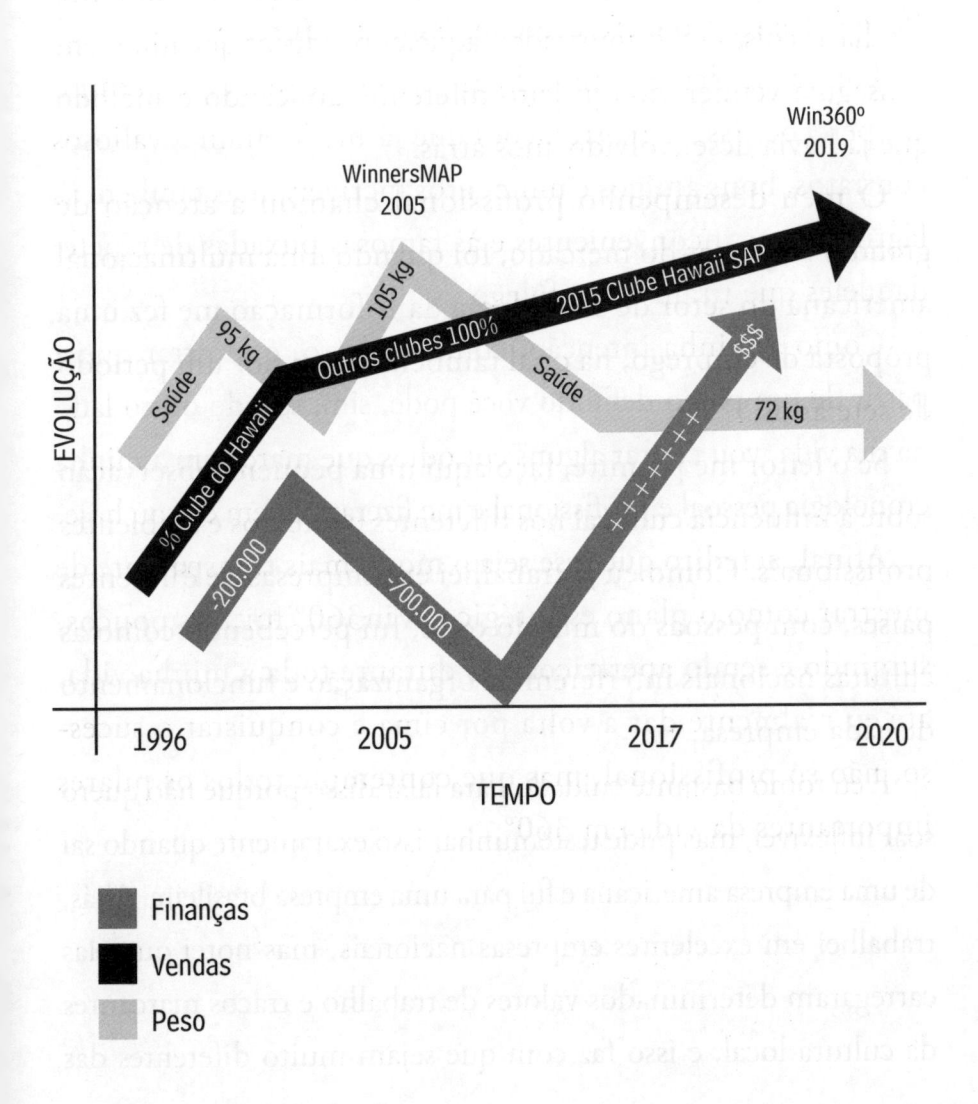

(Gráfico: EVOLUÇÃO × TEMPO)

- Saúde — 1996
- 95 kg / % Clube do Hawaii
- WinnersMAP 2005
- 105 kg / Outros clubes 100%
- -200.000
- -700.000
- 2015 Clube Hawaii SAP
- Saúde
- $$$
- 72 kg
- Win360° 2019

Eixo TEMPO: 1996 — 2005 — 2017 — 2020

Legenda:
- Finanças
- Vendas
- Peso

2000 A 2007: A DEMISSÃO

Desde quando trabalhei com *pallets*, na Tony Perry, e em todas as minhas outras experiências profissionais, cheguei à conclusão que era um bom vendedor porque eu realmente vendia as coisas mais inusitadas, aqueles produtos que ninguém conseguia vender, de um jeito diferente, aplicando o método que já havia desenvolvido anos atrás.

O meu desempenho profissional chamou a atenção de grandes empresas do mercado, foi quando uma multinacional americana do setor de Tecnologia da Informação me fez uma proposta de emprego, na qual também fiquei por um período de sete anos.

Se o leitor me permite, faço aqui uma pequena observação sobre a influência cultural nos diferentes contextos e ambientes profissionais. Como eu já trabalhei em empresas de diferentes países, com pessoas do mundo todo, fui percebendo como as culturas nacionais interferem na organização e funcionamento de cada empresa.

E eu tomo bastante cuidado para falar disso porque não quero soar inflexível, mas pude testemunhar isso exatamente quando saí de uma empresa americana e fui para uma empresa brasileira. Aliás, trabalhei em excelentes empresas nacionais, mas notei que elas carregaram determinados valores de trabalho e traços marcantes da cultura local, e isso faz com que sejam muito diferentes das empresas estrangeiras, principalmente no que se refere à valorização do profissional e a configuração da dinâmica de trabalho.

Então, quando recebi uma proposta de uma multinacional americana do setor de T.I., não pensei duas vezes. E não me arrependo de nada, pelo contrário, passei ótimos momentos nos sete anos que trabalhei lá, tive uma experiência profissional muito boa e consegui bater todas as minhas metas de vendas. Um dia, inclusive, recebi um convite dos meus superiores para gravar um vídeo ensinando aos outros funcionários o meu método de vendas, afinal eu conseguia vender produtos que ninguém poderia imaginar, e as pessoas me perguntavam como eu fazia aquilo.

Quando entrei nessa empresa, uma das coisas mais difíceis de vender era o *software* para *mainframe*, um computador imenso dedicado ao processamento de grandes quantidades de informação. Para vender *mainframe*, você tinha que ser um vendedor sênior e eu havia entrado há pouco tempo na empresa, mas meus resultados iniciais com os primeiros clientes surpreenderam a todos.

Decidiram me dar uma chance, queriam ver se eu era capaz de vender os produtos mais difíceis também. E, como não se mexe em time que está vencendo, eu continuei aplicando as táticas do meu método de vendas e minha estratégia deu certo. Eu não só consegui vender o tal *software* para *mainframe*, como fechei o maior contrato da América Latina, incluindo o México, de vendas de *software* para *mainframe* da empresa e, naquele momento, também o maior contrato da minha vida!

O pedido de 18 milhões rendeu, além do convite para gravação do vídeo, uma viagem inesquecível para o Havaí. E, nos Estados Unidos, foi com o pedido de gravar o vídeo ainda fresco na cabeça, que cheguei à conclusão de que, para ensinar a outros vendedores o meu método, eu precisava escrever algo mais científico, registrar a metodologia em que eu embasava minhas vendas. Foi então que caiu a ficha de escrever meu primeiro livro e, assim, nasceu o método WinnersMap, uma ferramenta que desenvolvi empiricamente a partir de minhas próprias experiências na área comercial.

Mas, se fosse apenas um livro empírico, baseado nos meus 20 anos de experiência em vendas, cairia em uma vala comum, afinal, muitos dos líderes empresariais e grandes vendedores já escreveram livros baseados no que aprenderam em suas experiências. Então pensei sobre o que eu poderia fazer para refinar e dar mais legitimidade ao meu método, foi quando coloquei tudo que havia pensado em uma lousa e montei um mapa tático do WinnersMap. Com o mapa desenhado na lousa, ficou claro que muito dos temas que eu tratava envolviam princípios e conceitos clássicos da psicologia.

Eu comecei a perceber que não havia muitos vendedores que escrevessem livros embasados em ciência, nem cientistas que escrevessem livros de vendas, e, assim, surgiu o WinnersMap, meu método de vendas empírico aliado a uma importante base teórica da psicologia, e lançado em 2006, no Brasil, com o título "Como vender seu produto ou serviço como algo concreto".

Contudo, quando você é bom em alguma coisa, sua maior qualidade também pode se tornar seu maior defeito, e eu ouvi isso de um grande líder e amigo, quando eu pensava estar no meu melhor momento da carreira. Eu sou um ótimo vendedor e, a princípio, vender muito em uma empresa é um sinal positivo, mas se tornou o meu ponto fraco, porque, como eu estava vendendo bem e batendo todas as metas, acabei não percebendo a falta de transparência na comunicação de alguns dos meus líderes, o que me levou a interpretar e ler errado o meu chefe, e pior, por mais de uma vez.

E é aqui que entra aquele caso que apontei lá no início do livro, com a minha demissão repentina, logo após o nascimento do meu primeiro filho. Lembro que o meu superior, na época, estava passando pelas mesmas situações que eu, tivemos filho no mesmo ano, então, em minha visão, se eu estava entregando os resultados – que refletiam nele – achei que estávamos sintonizados. Segui tocando e, de repente, quando eu menos esperava, meu chefe decidiu me demitir. E eu fiquei estonteado de tão surpreso.

Na reunião que serviu de pretexto para minha demissão, ele estava tão decidido que, antes mesmo de eu começar a argumentar, perguntei se aquela situação era reversível, e quando ele falou que não, fui pego tão despreparado que apenas juntei as minhas coisas e fui embora na hora, como uma reação automática. Eu não entendia aquele cenário:

"Se sou um ótimo vendedor, estou cumprindo as metas, onde eu errei? A vida seguiu e só consegui a resposta dessa pergunta sete anos depois, quando ele me procurou novamente, dessa vez, para pedir emprego".

Desempregado e com um filho pequeno, eu precisava me recuperar rápido, então decidi investir no método que estava dando tão certo para vendas, o WinnersMap. Felizmente, tudo começou a fluir muito bem, eu consegui me recuperar rápido, estava vendendo muitos livros e treinamentos, mas eu havia estipulado uma métrica.

Definir um plano e seguir as metas é o meu mecanismo de controle – e salvação – pessoal, é um dos passos do WinnersMap e um mecanismo de gerenciamento fundamental, por isso eu também lhe sugiro começar a pensar sobre isso se você realmente quer dar a volta por cima em sua vida, afinal definir uma meta implica saber exatamente onde se encontra e aonde se quer ir, dois pilares fundamentais do início de qualquer processo.

Por isso, dentro do meu plano de recuperação, minha meta era a de que, em um ano, eu deveria faturar cerca de 100 mil reais com a empresa WinnersMap, um valor audacioso para quem estava começando do zero.

Apesar da alta procura, tanto pelo livro, quanto pelos treinamentos, ao final deste período consegui atingir apenas 70% da meta estipulada. Muita gente me incentivou a continuar insistindo que eu havia feito 70 mil e cheguei perto, mas isso não me convenceu.

Aprendi, desde cedo, que a coisa mais importante é ter uma estratégia e segui-la, então mantive meu planejamento e, como não atingi a meta dos 100 mil, comecei a procurar emprego. A ideia era parar essa operação da WinnersMap e focar em outros projetos, e enquanto tentava me recolocar no mercado de trabalho, recebi a proposta de uma empresa holandesa que estava se instalando no Brasil.

2007 A 2013: O PRIMEIRO RESGATE

O ditado diz "se você não tem competência para fazer algo, não faça". E tem seu fundo de verdade. A proposta que recebi da empresa holandesa era mais parecida a um grande desafio: instalar uma multinacional no Brasil, partindo do zero. E quando digo do zero, é do início mesmo, porque não havia nem um departamento jurídico, sequer o CNPJ. Eu seria o responsável por montar tudo, absolutamente tudo, uma missão quase impossível de tão desafiadora, mas, como eu estava desempregado, fiz disso o meu estímulo, abracei e comecei a montar a operação.

Essa proposta me motivou, afinal, trazer a operação para o Brasil me interessava pelo meu lado empreendedor. Porém o que eu descobri ao aceitá-la foi que trazer a empresa, abrir CNPJ sem jurídico, e uma série de coisas nem sempre vale a pena, porque é muito trabalho e, quando você lida, como no caso dos holandeses, com um cliente que, muitas vezes, não conhece e nem compreende o Brasil, tudo pode ficar ainda mais complicado.

Apesar das dificuldades que um desafio dessa dimensão proporciona, eu consegui estruturar a empresa e colocá-la em operação. Além disso, minhas vendas continuavam em alta e, logo no primeiro ano, fechei um grande contrato com uma transnacional americana, a maior empresa de *softwares* do mundo. As coisas estavam indo muito bem e, no ano seguinte, respeitando uma lei trabalhista brasileira, eu autorizei o dissídio coletivo dos funcionários, algo que toda empresa instalada no Brasil é obrigada a fazer, e foi aí que começaram os problemas.

Quando minha decisão chegou à sede mundial da empresa, os holandeses simplesmente ficaram indignados, não entendiam como, passado um ano, eu havia dado aumento para todo mundo, diziam que havia toda uma métrica de avaliação, e que eu não podia fazer aquilo. Por mais que eu tenha justificado que, no Brasil, as coisas funcionavam dessa forma, que há leis trabalhistas, e existem dissídios que acontecem todo ano, tudo aquilo gerou um certo desconforto na empresa.

E não foi só isso, eles começaram a implicar, também, com o seguro saúde. Perguntavam, perplexos, se plano de saúde era obrigatório, por lei, no Brasil, e, quando eu dizia que não, eles achavam que eu estava louco. Não entendiam que, sem alguns benefícios, eu não conseguia recrutar pessoas qualificadas para a empresa. São detalhes sutis, mas é um diferencial importante para uma empresa atrair os melhores profissionais do mercado.

Era uma questão tão lógica para mim, que não entendia como eles não percebiam os benefícios que aquelas decisões trariam. Foi aí que comecei a pensar que, talvez, o problema central estivesse sendo a nossa comunicação, talvez não estivessem sendo totalmente claros comigo, ou eu não estivesse sendo compreendido por eles. Quando a comunicação não flui, quando não conseguimos comunicar os fatos da forma correta, isso traz uma ansiedade para a outra pessoa com quem estamos lidando.

E foi isso que aconteceu com os holandeses, senti que eles começaram a ficar desconfiados, primeiro, com a confusão do dissídio, depois, o mal-entendido do convênio médico. Às vezes, coisas sutis, como o jeito de falar, ou mesmo um tom de voz diferente, podem bloquear a comunicação e torná-la improdutiva. E para que a nossa comunicação continuasse fluindo, pensei em uma alternativa: trazer outras pessoas. Eu penso assim, se há um problema, ou você muda, ou traz outra pessoa, ou pode comprometer toda a comunicação. E, nesse caso, eu tentei de tudo, até pedi para que o contador mesmo explicasse a legislação, mas nada adiantou.

Como eles ficaram desconfiados da efetividade de minhas decisões, começaram a fazer as coisas de outro jeito. Eu alertei sobre algumas mudanças que, de antemão, já vi que não funcionavam por aqui, mas, como eles eram os donos do dinheiro, e eu fora contratado como CEO executivo, passei a executar, mesmo que não concordasse com as ordens que vinham da Holanda. Meu desempenho pessoal continuava positivo, inclusive, o escritório da empresa no Brasil virou referência mundial, e eu até fui convidado a dar palestra, na Holanda, sobre as realizações que estavam sendo destacadas por aqui.

Enquanto o escritório brasileiro caminhava bem, os resultados na Europa, por conta da crise econômica de 2008, continuavam caindo e, quando foi anunciada uma visita dos diretores holandeses ao Brasil, eu esperava que eles viessem comemorar os ótimos resultados que apresentamos. Havia fechado grandes contratos com a marca, batido todas as minhas metas e estava completando dois terços do contrato.

Mas, novamente, fui surpreendido, quando eles chegaram e disseram que não iriam mais seguir com o meu contrato. Atônito e surpreso com aquilo, os questionei, afinal, entreguei tudo o que me foi pedido, contratei e montei uma equipe, registrei o CNPJ, consegui um contador, executei e cumpri todas as métricas e, além disso, faltava um ano de contrato, eu jamais poderia esperar pela rescisão deles, era incompreensível para mim!

O problema, como já havia acontecido alguns anos antes, é que eu interpretei errado os holandeses e o que estava acontecendo nesse cenário. Questionei, incessantemente, para que me apresentassem uma justificativa e, sem nenhum motivo aparente para aquela decisão, eles usaram um termo, em inglês, *stubborn*, para dizer que eu era muito teimoso.

Parei de insistir e concluí que é muito desagradável ter que romper contratos, mas, se eles quisessem realmente me demitir, era só pagar o que me deviam e ficava tudo certo.

A impressão que tive foi que os holandeses pensavam que o Brasil era uma terra sem lei, sem organização e controle, e onde qualquer um mandava e desmandava, e ninguém questionava. Queria mostrar como eles estavam errados, que no Brasil havia CEO's sérios e competentes e que eu questionaria, sim, essa decisão. Eles voltaram para a Europa, mas, antes, me deixaram na geladeira, esperando que eu pedisse demissão.

Mas as coisas não funcionavam assim, afinal, eu tinha direitos trabalhistas e buscaria meu advogado para entrar como uma ação judicial cobrando a quantia relativa ao restante do contrato, era o mínimo que eu podia fazer. Perguntei se a empresa tinha certeza em seguir por esse caminho, e como me falaram para entrar na justiça atrás dos meus direitos, foi exatamente o que eu fiz.

Fui procurar meu advogado e ele usou uma frase que fez muito sentido para mim naquele momento: por mais que você esteja certo, o outro tem o direito de discordar de você, e é justamente para isso que existe o juiz, você tem que aceitar e paciência. Era tudo que eu precisava ouvir para me encorajar a lutar pelo que eu acreditava ser o correto, afinal, eles poderiam discordar de mim, mesmo eu tendo cumprido todas as minhas obrigações.

Assim, entrei com a ação para garantir meus direitos trabalhistas na justiça e, depois de aproximadamente dois anos, a empresa pagou tudo o que me devia, e ainda mandou embora o responsável pela minha demissão.

Dessa experiência ficaram várias lições. Primeiro que no Brasil têm leis e uma justiça trabalhista sólida, sim, com executivos sérios e bem preparados; segundo, não tem nada de errado ir atrás dos seus direitos, muitas pessoas têm medo de entrar na justiça, mas, para as empresas, é um procedimento normal e faz parte das relações de trabalho.

Por aqui, é difícil não levar para o lado pessoal, mas a empresa não tinha nada contra mim, isso faz parte do *business*, principalmente do mercado internacional, onde os processos trabalhistas são bastante frequentes. É muito comum, por exemplo, especialmente na Europa e nos Estados Unidos, onde há uma maior impessoalidade e profissionalismo no ambiente de trabalho, que você feche negócios futuros com antigos colegas, ou mesmo chefes que já te demitiram.

Não por acaso, algum tempo depois dessa história, o holandês que havia me demitido me adicionou em uma rede social de negócios e tivemos um ótimo papo, inclusive, ele até me chamou para trabalharmos juntos novamente. Fica essa grande lição.

Mas minha sorte havia virado, e eu tinha outros planos. Havia acabado de ganhar uma grande indenização pela demissão injustificada, estava na área de vendas da mais tradicional empresa americana de informática e, além disso, havia recebido uma proposta irrecusável de um cliente, uma bilionária empresa alemã da área de T.I., com mais de 50 mil funcionários que atuava em mais de 20 países. Foi quando meu tio veio falar comigo e, novamente, o valor da família pesou na minha balança.

2000 a 2007: A demissão
2007 a 2013: O primeiro resgate
2012 a 2014: A segunda falência ⬅ VOCÊ ESTÁ AQUI
2014 a 2017: Retomada definitiva

2012 A 2014: A SEGUNDA FALÊNCIA

Meu tio é um homem com quem eu sempre tive uma boa relação e muita empatia. Ele é um executivo de sucesso, e eu sempre conversei com ele sobre tudo, das coisas que estavam acontecendo na minha carreira, das empresas onde trabalhava, do livro que estava escrevendo, enfim, sempre nos demos muito bem.

Quando comentei da proposta irrecusável que havia recebido da empresa alemã, perguntei se ele achava que deveria aceitar e, para minha surpresa, ele disse para não aceitar e, ao invés disso, ir trabalhar com ele em sua empresa de comercialização de minério. E o curioso é que, apesar de o mundo ter dado algumas voltas, eu cometi novamente o mesmo erro de anos atrás: o excesso de confiança na administração de uma sociedade familiar.

O que mais me motivou nessa proposta do meu tio foi a possibilidade de ser dono, de empreender com a comercialização de minérios, afinal, se o problema era vender, pensei comigo, será fácil. Na minha cabeça, eles precisavam apenas estabelecer uma grande meta de vendas que achavam possível cumprir, e se eu conseguisse bater essa meta, eles me pagariam uma comissão e estava resolvido o problema de dinheiro.

Para mim, até que essa equação parecia bem lógica. Lembro que, certa vez, cheguei para o meu tio e perguntei se ele conseguia me enxergar, com um alto salário, dentro da sua empresa de *trading* de minérios, e ele disse que sim, que eu só precisava bater as metas. E bater metas sempre foi uma coisa que fiz muito bem, então, se o problema era vender, decidi aceitar.

Porém ele tinha outro sócio, e juntos eles ganhavam cinco vezes menos do que eu, como vendedor de grandes multinacionais. É por isso que aquela equação não ia fechar nunca, e eu não fui capaz de analisar isso, de antemão, na época. Hoje eu percebo que as grandes empresas pagam altos salários pela dimensão da organização, a grande quantidade de funcionários, e eu não podia esperar isso da pequena empresa do meu tio, porque era desproporcional.

Com certeza, ele não tinha a intenção de me prejudicar, mas eu também não pude perceber esses problemas por conta, novamente, daquele excesso de confiança familiar. Quando estamos em família, nos sentimos em casa, confortáveis e seguros, sem motivos para questionar a autoridade ou a gestão de alguém que assume o controle. E isso pode ser um grande problema no contexto profissional. Fica essa lição, em dobro.

Quando recebi o dinheiro da indenização dos holandeses, elaborei um plano estratégico. Peguei o dinheiro e comprei uma casa para investir, afinal, dinheiro na mão é vendaval e, além disso, caso as coisas não dessem certo na empresa do meu tio, eu teria uma reserva de capital. Mas aí foi *Crash and Burn*, meu tio não conseguia me pagar, mesmo eu batendo as metas, vendendo milhões em minérios, e fazendo tudo que era preciso.

Na hora de desembolsar meu salário, começavam os "veja bem", "porém", e como eu tinha investido tudo que tinha na casa nova, sem os rendimentos mensais prometidos, minhas dívidas começaram a aumentar. Foi aí que começou a história da minha segunda falência.

Eu recebia um bom salário, não o prometido inicialmente, mas compatível com o tamanho da empresa. Mesmo usando todo meu salário, sem poupar nada, eu ainda ficava R$ 10.000 reais negativo no banco todo mês, durante três anos. Então chegou um ponto em que eu estava com R$ 700 mil em dívidas, ou seja, os R$ 200 mil da primeira falência tinham se multiplicado por três!

Apesar de eu ter falido nos dois episódios que decidi investir em empresas familiares, primeiramente com meu pai, em 1996, na Tony Perry, e depois em 2012, com meu tio, na Citra, ficou muito claro que a intenção da minha família não era me quebrar, pelo contrário, a intenção era investir junto para todos ganharem dinheiro, porém negócios em família trazem algumas coisas à tona.

No caso da Tony Perry, era a confiança de que meu pai sabia o que estava fazendo, sem sequer questionar. Tanto ele quanto eu não entendíamos nada de financeiro, e uma pequena empresa com capacidade de produção de 200 peças por mês, com um pedido de cinco mil *pallets* no primeiro mês, simplesmente ia quebrar, e foi o que aconteceu.

Já na Citra foi ao contrário, gerei a expectativa porque sabia que o outro lado entendia o que estava fazendo, porém, analisando hoje, uma empresa de pequeno porte jamais teria condição de bancar o alto salário que estava pedindo, mesmo que eu tenha vendido milhões em minérios, a gestão da empresa não conseguia comportar um funcionário com meu valor, e isso não é demérito, é um fato.

Em ambos os casos, o meu método de vendas funcionou, seja vendendo *pallets* ou minérios, meus números superaram as metas, mas os problemas administrativos impediram que todos esses projetos prosperassem.

Porém o que mais me chama a atenção nesses dois episódios são as semelhanças, os padrões que se repetem: investimento familiar na Tony Perry, investimento familiar na Citra; quebrei com meu pai, quebrei com meu tio; após a primeira falência lancei um livro, na segunda falência também. Então pude perceber que, nesses dois casos, se formava um padrão de quatro anos e depois quatro anos novamente, e o comportamento começava a se repetir ciclicamente.

A partir disso, ficou claro para mim que o mundo dá voltas e, se não bastassem as coincidências, assim como, da primeira vez que quebrei, apareceu uma empresa multinacional holandesa e me contratou para eu montar a empresa por aqui, na minha segunda falência, uma multinacional americana de computação em nuvem também me procurou para montar as operações da empresa no Brasil.

2014 A 2017: RETOMADA DEFINITIVA

A essa altura, já havia me dado conta de como a vida é cíclica e os padrões se repetem a todo momento, quando a gente menos espera. Principalmente depois que eu quebrei pela segunda vez, quando surgiu a oportunidade de trazer outra empresa para o Brasil, eu tomei o cuidado de não cometer os mesmos erros do passado.

Então eu havia decidido que só montaria a operação se a empresa tivesse um corpo jurídico para cuidar de toda essa parte de CNPJ e leis trabalhistas. Sabe quando você faz aquela lista de coisas que quer evitar para não errar de novo? Eu fiz essa lista, e deu tudo certo com a operação.

Porém eu tinha um gestor americano, que era o J.C., e o achava um pouco bipolar, ele oscilava muito e tinha um jeito meio estranho de se comunicar, mas até aí, para mim, sem problema, afinal, eu estava tocando a operação e, depois de dois anos, estava tudo indo muito bem, batendo as metas, tanto do Brasil, quanto da América Latina.

Foi aí que eu voltei a crescer de novo e consegui reorganizar minha vida financeira. Mas ele não era muito claro comigo em relação a não gostar de mim, se simplesmente não gostava do meu perfil e não queria falar, ou sei lá do quê, mas eu entendia que, como executivo do Brasil, eu tinha, apenas, que executar.

E o fantasma do erro de leitura do meu chefe atacou novamente. Pela terceira vez, problemas de comunicação geraram mal-entendidos em nossa relação de trabalho. Afinal, ele me contratou para abrir uma linha, uma nova operação, e o meu perfil é como uma locomotiva, eu sou daqueles que puxa os vagões carregados aos poucos, vou avançando em um ritmo constante e, quando pego embalo, não paro mais. Mas, nisso, acabei não percebendo, exatamente como aconteceu na outra empresa, que o J.C. era muito vaidoso, e que tinha uma questão de orgulho envolvida no trabalho.

Até então, eu não tinha nenhum problema com isso, tanto que, por diversas vezes, eu ia consultá-lo e era ele quem dizia para eu ia falar com os americanos, se eu conseguisse a autorização deles, lá fora, eu podia fazer. Mas eu pensei que, se fosse realmente orgulho, o que eu esperava dele? Que ele dissesse para eu ficar na minha, não ir falar com ninguém lá fora, deixar para ele resolver. Mas não, ele falava para eu ir atrás e eu ia, oras!

Conseguia fazer minhas coisas, fui batendo metas, fechando os contratos e minha imagem passou a aparecer no cenário lá fora, assim como começou a aparecer nas outras empresas também, e isso foi consumindo o meu chefe por dentro. E é aí que aquela história da minha primeira demissão, após o nascimento do meu filho, vem novamente à tona.

Foi engraçado porque, como disse, esse meu antigo chefe, responsável pela minha primeira demissão há sete anos, veio me pedir emprego na empresa que eu acabara de trazer para o Brasil, e ainda era para um cargo acima do meu. Como, felizmente, eu não guardo rancor de ninguém, avaliei que o R. X. fazia bem o trabalho dele, se por um lado eu era bom para trazer negócios, ele era bom para fazer gestão.

Eu sou da área comercial, e estava enfrentando algumas dificuldades em lidar com o meu chefe, então eu pensei que poderia ser interessante colocar o R. X. entre eu e o meu chefe, já que ele era bom de gestão de pessoas, na minha cabeça pensei a seguinte equação: minhas fraquezas + suas fortalezas + adversidades com o meu chefe = por que não? Afinal, estou trazendo a empresa para o Brasil, a operação está andando muito bem, meu diretor é americano, estamos com problemas de comunicação, se eu colocar alguém no meio, faz todo o sentido, e como ele sabe fazer bem esse intermédio, talvez funcione.

Apresentei o meu antigo chefe para o meu diretor americano e os dois foram conversar, enquanto a minha esposa, os meus amigos, e o resto do mundo me chamava de louco. Eles achavam um absurdo eu dar essa oportunidade para alguém que já mostrou não se preocupar muito comigo. Mas eu ponderei. Tirando essa questão pessoal de o destino já ter unido nossas histórias antes, não havia motivos para não o contratar. Meu diretor gostou dele, mas chegou para mim e falou que a decisão estava em minhas mãos desde que eu não tivesse nenhum problema com isso.

Então decidi esclarecer aquela situação. Deixar tudo em pratos limpos. Sentei-me com meu antigo chefe e falei que a decisão de o contratar estava em minhas mãos. Mas iria aproveitar para perguntar aquilo que estava coçando para sair da minha garganta. Por que eu devo acreditar que você não vai me demitir, de novo, se eu deixar você entrar? Confesso que, nessa hora, ele entortou, acho que não estava esperando por isso, depois de sete anos, mas eu não deixei passar, aproveitei e ainda perguntei por que ele havia me demitido naquela época. E aí ele veio com aquela resposta genérica de que achou que seria o melhor para mim. Claro.

Mas já havia decidido que não seria eu quem puxaria o tapete dele, até porque ele estava passando dificuldade, como eu passei, e isso eu não desejo para ninguém. Então o contratei, para surpresa geral. Ele entrou e, em menos de quatro meses, foi demitido. Sete anos se passaram e eu remoendo todas essas dúvidas, parece que isso aconteceu para mostrar que, de fato, o problema não era comigo, como se, agora, tivesse conseguido encerrar esse ciclo. Finalmente, tinha passado essa história a limpo e estava com a consciência tranquila.

Mas, em meu plano estratégico, ainda precisava colocar alguém entre mim e o meu diretor. E sabe o que mais me parecia estranho? Algo em minha intuição me dizia para checar constantemente nossa comunicação, realmente me preocupava em verificar que tudo estava funcionando corretamente. Eu até costumava perguntar com frequência se estava tudo bem, e ele sempre dizia sim, que estava tudo bem, eu até comentava com a minha esposa sobre isso, porque eu não acreditava, não sei por que, mas eu sentia que tinha alguma coisa errada, mesmo ele afirmando que estava tudo bem.

E ela me falava que esse pressentimento era da minha cabeça, porque tinha acontecido toda essa história com a contratação do meu antigo chefe, mas eu realmente sentia que alguma coisa estava para acontecer. Comentei com outros colegas de trabalho, inclusive, sobre minhas angústias, mas todos me diziam para eu desencanar, ficar tranquilo, afinal, eu havia montado toda a operação, estava batendo bons números em minhas vendas e tinha um ótimo relacionamento com a equipe do Brasil e de fora também. Não havia nenhum motivo para me sentir inseguro, por mais que minha intuição continuasse me dizendo o contrário.

Até que, em um determinado momento, quando a empresa já estava montada, com dez funcionários, faturando, indo muito bem, nós íamos para o Estados Unidos, para o fechamento do ano fiscal, em janeiro. Todos os funcionários estavam com as malas no escritório para ir viajar direto do expediente, quando meu diretor chega e me demite.

Eu fiquei perplexo. Pedi explicações, claro. Ouvi um sonoro lenga-lenga de que a empresa não queria mais manter o contrato comigo. Perguntei por que, afinal, não estava entendendo aquilo, e ele não respondeu. E, novamente, eu falei que as coisas não funcionavam assim, não tinha métrica nenhuma envolvida naquela decisão.

Mas, com o tempo, creio que vamos ficando calejados. Tenho a sensação de que eu já sabia, estava sentindo aquilo há algum tempo. Não adiantava argumentar. Só uma pergunta ainda restava na minha cabeça: tem como reverter isso? Não.

Então acabou. Você tem o direito de discordar de mim, ainda mais em um regime CLT, realmente você tem a competência de me demitir. Mas saiba que eu irei procurar os meus direitos.

Saí da sala e contei para a equipe: "equipe, não sei o que aconteceu, só sei que eu fui demitido. De repente, não estou enxergando a estratégia do J.C., mas eu respeito a decisão dele, o tempo vai clarear as coisas. Eu tenho o perfil locomotiva, de repente, ele achou que não precisava mais de alguém com meu perfil. De todo modo, se vocês puderem me dar um *feedback* posterior do que aconteceu, por favor, me ajudaria muito. Porém, daqui a um ano, a gente vai entender, talvez vocês não precisem mais de alguém como eu, talvez a equipe não precise mais de alguém que fique empurrando, desse meu perfil motivador, talvez seja isso, mas vamos aguardar, daqui a um ano, a gente vai conseguir ver quem estava certo".

Dito e feito, comigo ele fez 120% da sua meta, e eu fiz 200% da minha. Depois de um ano, ele fez 20% da meta dele e foi demitido. Fiquei sabendo, inclusive, que o J.C. veio para o Brasil e demitiu meu colega que tinha acabado de ter filho! Ele já tinha sido demitido e, em vez de ir embora, veio e demitiu meu amigo, que tinha acabado de ser pai. Parecia um estranho *déjà vu* do meu passado. E mais uma vez, lá vou eu com o meu advogado.

Só que, dessa vez, eu fiz diferente, eu falei com todo o RH da empresa, expliquei as leis do Brasil e, inclusive, a funcionária do RH foi bastante simpática comigo, e entendeu que o J.C. tinha feito tudo errado mesmo. Até que ela foi consultar um escritório de advocacia, e eles recomendaram que me deixassem entrar com a ação na justiça.

Então escrevi exatamente para o meu diretor todas as etapas do que iria acontecer dali em diante e entrei com a ação. Passaram exatamente dois anos e eu consegui reaver meu direito. E, dessa vez, eles vieram com um escritório de advocacia de primeira linha para a negociação, que logo reconheceu que o escritório anterior tinha orientado de forma precipitada o RH da empresa.

Por fim, dessa história tirei outras grandes lições de vida, principalmente, sobre as voltas que o mundo dá, sempre realocando nós, como atores, em outros cenários que o acaso nos reserva.

Mas também com questão à justiça e àquela frase do meu advogado, sobre o direito de discordar dos outros, nunca essa frase fez tanto sentido na minha vida e, com ela, eu consegui enxergar novas possibilidades para sair do outro lado, quando tudo parecia perdido.

3 GRANDES LIÇÕES QUE APRENDI COM A VIDA

PSICOLOGIA
O comportamento, as atitudes e a forma de resolver os problemas se repetem durante toda a nossa vida, somos seres cíclicos e previsíveis, e isso faz parte da natureza do ser humano (padrões).

JUSTIÇA
O outro sempre tem o direito de discordar de você, independentemente de suas métricas, valores e do cumprimento de metas e acordos.

FAMÍLIA
Um dos nossos pilares fundamentais na vida, mas é um pilar que também pode desequilibrar, afinal, excesso de confiança também pode gerar mal-entendidos, principalmente nas áreas de administração de empresa e finanças.

Capítulo III

Capítulo III

Capítulo III:
Do WinnersMap ao Win360°

Hoje, em 2018, aqui estou eu, depois dessas e de tantas outras experiências que minha vida pessoal e profissional me reservaram. Nesses momentos que contei, e em outros que contarei ao longo do livro, passei pelos mais inusitados episódios, onde, muitas vezes, fui surpreendido e os planos não deram totalmente certo.

Mas todos esses desafios criaram e foram, aos poucos, aprimorando meus planos tático e estratégico, o método de vendas que veio a se consolidar no WinnersMap, em meu primeiro livro, e o Win360°, um guia transformador para ajudar as pessoas a viverem seu potencial em 360° e dar a volta por cima na vida.

Depois da falência da Tony Perry, o valor das minhas dívidas e minha habilidade em vendas me fizeram elaborar e seguir um plano tático de recuperação, que envolvia mudar minha área de atuação e abandonar, de vez, a fisioterapia para me estabelecer na área comercial. Foi quando desenvolvi o WinnersMap, em um período de renovação e mudanças, onde tive oportunidades muito boas para aplicar e treinar meu método de vendas em diversas empresas e instituições que já trabalhei, sempre com bons resultados e *feedback* positivo.

Vencer 360° - Equilibrando a vida

E uma coisa é fato: os números não mentem! A linha do meu gráfico de vendas sempre se manteve ascendendo, mesmo enquanto eu passava por sérias dificuldades financeiras, ou pessoais, o que mostra que um plano tático, como WinnersMap, realmente funciona para enfrentar os grandes problemas que envolvem rupturas e recomeços, ou seja, para começar do zero em outra área, o que ainda é uma dificuldade para muitas pessoas.

Porém, apesar das vendas irem constantemente bem, tive experiências o bastante para acreditar que, para ser um bom vendedor, não basta apenas vender muito. Todo vendedor tem uma vida pessoal, além da profissional, que não pode ser negligenciada na busca pelo sucesso, senão corremos o sério risco de desenvolver cada vez mais transtornos psíquicos, depressão e disfunções físicas e emocionais no mundo e nos ambientes de trabalho, onde as pressões são tamanhas que, na falta de um controle rígido, ocupam todo o tempo disponível na nossa mente e em nossas vidas. Por isso, às vezes, um plano tático, como WinnersMap, não é o suficiente, porque, apesar de muito eficiente para as vendas, não dá conta de todas as demandas da vida em sua complexidade humana.

No meu caso, não acredito que seja coincidência o fato de, quando mais me dediquei à carreira de vendedor, acabei negligenciando outras áreas importantes da minha vida, minha saúde e as finanças, principalmente por não ter prezado pelo equilíbrio da minha atenção para além das preocupações profissionais.

Acho que, até agora, você já sabe que uma parte significativa das consequências desse desequilíbrio foi uma dívida que chegou a quase 700 mil reais, e a outra parte, igualmente grande, guardadas as proporções, foram 30 kg extras na balança, chegando a pesar mais de 100 kg até pouco tempo atrás.

Quando me dei conta de que havia chegado a esse ponto, alertas se acenderam em minha mente, e eu decidi que era preciso elaborar novamente um plano, mas diferente do WinnersMap. Agora eu precisava aplicar um plano estratégico, mais amplo e flexível, que abrangesse as demais áreas que eu havia negligenciado até então.

Eu precisava emagrecer 30 kg, quitar as minhas dívidas e dar a volta por cima na vida. Foi aí que eu investi no WinnersMap e decidi, então, que seria importante publicar meu método estratégico, assim como havia feito com meu plano tático, para que o maior número possível de pessoas pudesse transformar, também, sua vida por completo.

TÁTICO X ESTRATÉGICO: VENDAS X MARKETING

Quando nos deparamos com problemas, seja no trabalho ou em casa, o primeiro passo para superá-los é elaborar um plano. Mas existem problemas de diferentes origens e dimensões, e cada um exige um plano específico. No meu caso, a primeira vez que quebrei, meu maior problema foi a dívida que herdei, e de que modo conseguiria pagá-la. Esse tipo de situação exige um plano tático, quando você tem um grande problema para resolver a curto prazo e precisa tomar decisões radicais, como mudar sua área de atuação.

Naquela época, eu era recém-formado e estava devendo R$ 200.000,00, sabia que trabalhando em clínicas de fisioterapia talvez levasse a vida toda para quitar minhas dívidas. Por isso, eu resolvi largar tudo e, de fisioterapeuta, me tornei vendedor, afinal, minhas experiências profissionais me provaram que vender nunca fora um problema, e era nas vendas que eu enxergava a única solução para aquele cenário. Então desenvolvi um plano de recuperação tático, empírico, nascido das minhas experiências em vendas, o WinnersMap.

Mas existem situações em que o problema não exige apenas soluções de curto prazo, mas também de médio e longo prazo. É fundamental saber identificar qual a dimensão do seu cenário, porque, muitas vezes, apenas um plano tático não é suficiente para superar todos os percalços, e se torna preciso elaborar também um plano estratégico, com metodologias diferentes, para acertar o alvo. É por isso que, em minhas aulas, sempre que um aluno diz que não entendeu a diferença entre tático e estratégico, costumo dar o exemplo de um *sniper*.

Todo mundo já assistiu a um filme de espionagem, de guerra ou suspense, em que um atirador profissional, geralmente um militar, com uma precisão cirúrgica, acerta o alvo. O atirador, aquele que puxa o gatilho, é o responsável pela tática, ou seja, é quem executa o projeto, mas ele não tem êxito sozinho.

Antes do atirador fazer os cálculos de todas as variáveis que podem interferir no projétil que atingirá o alvo, ele precisa da localização do alvo, passado por alguém de binóculo responsável por elaborar a estratégia, ou seja, a arte de aplicar com eficácia os recursos de que se dispõe, explorando as condições favoráveis visando o alcance de determinados objetivos.

Como dei aula por anos no INPG Business School, muitos dos meus alunos me perguntavam a diferença entre *marketing* e vendas, e eu usava o mesmo exemplo do *sniper* para ilustrar. Existe uma certa rivalidade entre vendas e *marketing*, e cada um tenta puxar a sardinha para seu lado, mas o fato é que os dois só podem funcionar bem trabalhando alinhados, como o *sniper* e o soldado de binóculo. Nesse caso, vendas é o *sniper* que está no campo de batalha, abrindo caminho com a visão focada no alvo, enquanto *marketing* é o estratégico que, com seu binóculo, está olhando de longe, uma visão maior que consegue analisar todo o cenário.

E onde está o conflito que alimenta a rivalidade entre os dois? É que muitas pessoas de *marketing* acham que só elas entendem de estratégia, e que o vendedor só serve para executar. Do mesmo modo, muitos vendedores pensam que são os reis da tática, recusando as estratégias por achar que o pessoal do *marketing* não sabe nada de como atender um cliente. Mas eles não percebem que uma coisa está ligada à outra, são complementares, e ninguém é totalmente tático ou estratégico.

Por exemplo, o departamento de *marketing* faz estratégia em 80% do tempo, mas isso não quer dizer que ele não saiba tática, só não usa com tanta frequência. E o departamento de vendas usa 80% do tempo em táticas, mas isso não significa que não use estratégia, pois faz isso nos 20% restantes.

Por isso, eu digo para meus amigos vendedores, não adianta brigar com o pessoal de *marketing*, ele entende de tática, mas o foco dele é a estratégia, ele precisa de você, assim como você precisa dele. É o *marketing* que vai falar os caminhos mais fáceis para você atingir seus objetivos, porque não adianta ser o caminho mais curto se tem um obstáculo, e é o *marketing* que prevê as pedras no caminho.

O fundamental é deixar a arrogância de lado, afinal os dois são importantes e se complementam. Tática e estratégia sozinhas dão muito trabalho, e podem até ajudar, mas somente juntas te levam ao seu objetivo.

Eu percebi isso em minhas próprias experiências, afinal, tinha um excelente mapa tático de vendas, o WinnersMap que me ajudou a superar a primeira falência e os problemas de curto prazo, além de manter minhas taxas de venda sempre altas. Mesmo assim, negligenciei alguns aspectos da vida pessoal, como a saúde e as finanças, que me levaram a uma dívida de R$ 700.000 reais e 30 kg a mais na balança.

Percebi que precisava desenvolver um plano estratégico de recuperação que me ajudasse também a longo prazo, que chamei de Win360°, porque precisava dar prioridade para pilares básicos da minha vida, aumentar o raio da minha atuação, mas eu não conseguiria solucionar aqueles problemas da noite para o dia. A ideia do Win360° é a de um guia estratégico que pode ser aplicado a qualquer área da vida, a partir dos dez passos que serão desenvolvidos neste livro.

A seguir, vou apresentar os principais pontos desses dois planos de recuperação, tanto o WinnersMap e sua metodologia tática, quanto o Win360° e sua aplicação estratégica, e te convido a percorrer esses passos juntos comigo e experimentar a gratificante sensação da transformação pessoal.

Vencer 360° – Equilibrando a vida

COMANDANTE
100% ESTRATÉGICO

ARQUEIRO MARKETING
20% TÁTICO
80% ESTRATÉGICO

SOLDADO VENDAS
80% TÁTICO
20% ESTRATÉGICO

COMO USAR O WINNERSMAP

Nesta seção, a minha intenção é apresentar brevemente o WinnersMap, o nosso plano tático de vendas, porque não quero tornar esta leitura cansativa, afinal, ainda temos todo o Win360° pela frente, e ele já foi o conteúdo do meu primeiro livro (*Como vender seu produto ou serviço como algo concreto*, 2006) que você também pode buscar para mais informações.

Além disso, se depois de acompanhar a síntese do Winners-Map, você quiser aprofundar seu aprendizado, tenho uma boa notícia: basta fotografar a imagem do *QRCode* abaixo para ter acesso à toda explicação do passo a passo, diversos vídeos, dicas e dinâmicas do método exclusivos do meu *site*.

Pessoalmente, acredito que entendendo também o WinnersMap, seu aprendizado com a leitura deste livro será ainda mais construtivo e completo, por isso, faço um convite especial para que você invista uma parte do seu tempo em conhecer o meu *site*, ou ir em alguma livraria e ficar por dentro deste conteúdo do WinnersMap por meio do livro impresso também.

Mas, para dar um gostinho e atiçar sua curiosidade, vou introduzir os principais passos desse plano tático aqui, assim você, leitor, também não se sente prejudicado em seguir adiante com sua leitura sem entender alguns conceitos fundamentais a que me refiro no WinnersMap. Pelas minhas experiências em sala de aula, há 13 anos, percebo que esse conteúdo desperta tanto interesse nas turmas que, posso apostar, você vai querer saber mais sobre esse método de vendas infalível.

Então eu apresento-lhe o WinnersMap, o nosso mapa tático, nossa ferramenta para definir o caminho que devemos percorrer para atingir os resultados que estamos buscando. Afinal, saber o que falta para que esse processo se conclua é o primeiro passo para o sucesso. Por isso, é importante que você siga o método na ordem de leitura proposta, porque cada passo é também a base para os próximos.

Interlocutor

- **Desejos** (Interlocutor ~ pessoa)
- **Vaidades** (interlocutor ~ funcionário)

⇅

Área Solicitante (A)
(compra ou usa)

Ambiente
(justifica a venda)

⇅

Entrevista

⇅

Proposta ← *Passa as informações* / *Gera expectativas*

↓

Pedido

↓

Investigação após a venda

⇅ ⇅

Cliente Novo   **Cliente Atual**

O nosso primeiro ponto de partida em nosso mapa tático é o **INTERLOCUTOR**, porque o interlocutor não é somente para quem você vai vender, o seu cliente, mas é também qualquer pessoa com quem você venha a falar enquanto desenvolve o seu processo de venda, desde a recepcionista, a secretária, o responsável que autoriza seu pedido de compra e, até mesmo, o próprio presidente da sua empresa.

Lidar com o interlocutor é o primeiro paradigma que você terá que enfrentar no seu plano tático, por isso, esforce-se em treinar uma comunicação clara e de fácil entendimento, motivando as pessoas com quem se relacionar a falarem sobre o seu dia a dia, quebrando o procedimento mecânico e impessoal.

Ao dar espaço para que as pessoas falem sobre si mesmas, um campo de empatia é criado entre vocês, permitindo a você acessar gatilhos que, até então, não estavam disponíveis em uma negociação de rotina. Por isso, a chave de ouro para desenvolver uma boa relação com o interlocutor é sempre a atenção ao outro. Esteja sempre presente de corpo e alma em suas comunicações, ou seja, realmente mostre que você está atento a todas as palavras e se preocupa com elas.

O segundo passo para quando você vai lidar com outras pessoas, é entender os **DESEJOS** e **VAIDADES** de cada um. A diferença entre eles é que o desejo é pessoal, aquilo que você quer, e a vaidade também é o que você quer, porém já depende do outro.

O desejo é aquela vontade de um carro novo, de uma casa na praia, ou de uma grande viagem, já a vaidade pode ser o financeiro, o status, as dívidas, as pessoas, tudo aquilo que vai te gerar um filtro, que te torna dependente da decisão dos outros, do crivo alheio.

O conceito de desejo nesse mapa é descobrir o que o interlocutor almeja para si e seus motivadores, enquanto as vaidades são as referências que a empresa pode criar para o interlocutor tornar-se mais poderoso e conhecido, por exemplo. Às vezes, você tem que entender os desejos da secretária, afinal, se não passar por ela nunca vai chegar aos diretores.

Por isso, sempre que eu falo com as pessoas, eu trato todo mundo muito bem, porque eu não sei o dia de amanhã, não sei o que vai acontecer, se eu vou precisar delas ou não. Eu já perdi as contas de quantas vezes alguns padrões se repetiram em minha vida. Então é por isso que eu dou muita importância para a comunicação e para todas as pessoas que entram em minha vida. O destino é uma caixinha de mistérios que não cansa de me surpreender.

Mas, seguindo o mapa, depois que você falou com o interlocutor e entendeu os desejos e vaidades dele, você vai entrar, justamente, na **ÁREA SOLICITANTE**, que é o assunto que você vai resolver, quando você começa a falar sobre o seu produto com quem realmente compra, ou usa. E por que com quem compra ou com quem usa? Porque você pode comprar alguma coisa para resolver um problema do seu funcionário, não necessariamente quem compra é quem usa, você até necessita de algo, mas não é quem vai usar.

E isso é muito forte, principalmente em T.I., porque não interessa quem vai comprar, mas é preciso saber as habilidades de quem vai usar, então, se as habilidades necessárias não se encaixam para quem vai usar, não adianta você comprar. É por isso que você tem que falar com esses dois, com quem compra e com quem usa, para evitar erros.

Quando você entende as necessidades de quem compra e as habilidades de quem usa, o cliente aceita a sua proposta. Isso acontece muito em varejo, quando se percebe a necessidade do cliente, ele aceita a proposta e faz o pedido. Mas, quando você começa a falar em vendas mais complexas, é preciso realmente entender o **AMBIENTE**, analisar o contexto. E, na verdade, para isso você precisa entender o interlocutor, identificar os desejos e vaidades, perceber como ele pretende usar aquele produto, ou serviço. É assim que você vai entender onde seu cliente está realmente inserido.

Por exemplo, já passei por situações em que um rapaz queria fazer o meu curso de qualquer jeito e, quando ele viu o valor de investimento, ficou em dúvida. Eu comecei a investigar mais e descobri que ele estava na dúvida se fazia o curso, ou se ele continuava cuidando do aquário, porque cuidar de um aquário de água salgada é caro, e ele não sabia se comprometeria ou não essa grana. Mas eu precisei entender o ambiente dele para descobrir isso, entender o que estava deixando-o na dúvida e, quando você entende o ambiente, começa a entender outras coisas que passam batidas por nós.

Para exemplificar bem isso, eu costumo fazer, em aula, a dinâmica da troca, uma experiência muito comum a todos. Nessa dinâmica, reproduzo aquela brincadeira do Silvio Santos, em que uma pessoa fica isolada em uma caixa e responde SIM ou NÃO às perguntas sem saber o que está aceitando ou perdendo.

Quando eu coloco o aluno nessa situação, é justamente isso que acontece, ele fica dependendo dos outros para saber se vai trocar ou não. Eu faço todo o processo e, no final, ele acaba aceitando e trocando pelo meu livro. Quando eu viro para entrevistá-lo, pergunto por que tomou aquelas decisões e, normalmente, ele explica que foi pelo mais garantido, pelo que estava vendo.

Com esse exemplo, eu consigo mostrar que, quando você entende o ambiente, você consegue, primeiro, ter o mesmo ponto de vista do interlocutor, porque, antes, ele estava de costas, agora nós dois estamos olhando para a mesma coisa.

Afinal, não adianta eu ficar forçando a coisa, porque se ele não está tendo a mesma perspectiva que você, vai buscar dez milhões de outras métricas, e é o que acontece quando a pessoa não lê o ambiente. Mas quando a pessoa entende o ambiente e consegue ter a mesma perspectiva que o interlocutor, aí sim, vai ter todos os argumentos de porque ele aceitou ou recusou, e você começa a realmente entender como ele pensa.

E o que eu mais gosto de mostrar nisso é que as pessoas passam muitas informações sobre elas voluntariamente, só o Facebook entrega muito mais do que apenas o ambiente de cada um. Antigamente, quanto não se pagava para ter acesso a um banco de dados com essas informações? E os entrevistados ainda mentiam muito!

Por isso, eu dou a dica: encare tudo como uma troca. Fica mais fácil, o ambiente trabalha com isso e, depois, você pode conseguir mais informações sobre o seu interlocutor através de **ENTREVISTAS**, o nosso próximo passo no mapa tático do WinnersMap.

Nessa etapa, há a coleta de informações na área solicitante. E eu costumo dizer que, na entrevista, é que nem no psicólogo, por exemplo, na linha da psicanálise, é muito comum ouvir: fale-me mais sobre isso. Quem já fez terapia sabe que analista só fala isso, fale-me mais, e eu dou esse exemplo, já que uma entrevista é assim mesmo.

Então é isso o que você está pensando? Poxa, que legal, mas o que você veio fazer aqui? Fale-me mais. Você só vai absorvendo e, naturalmente, a pessoa vai falando mais. Agora que você entendeu melhor essa parte de como questionar da psicanálise que está relacionada aqui, o que acontece com o interlocutor, os seus desejos e vaidades, o ambiente, você percebe como a entrevista é um importante e necessário passo para prosseguir. Afinal, nesse ponto, você já deverá ter concluído sua investigação e compreendido como a empresa do seu interlocutor funciona.

Todo esse trabalho que fizemos até a etapa da entrevista tem a função de **GERAR EXPECTATIVAS**. Agora que já entendemos como a empresa do interlocutor ganha dinheiro, precisamos mostrar como ele poderá ganhar ainda mais dinheiro com o nosso produto ou serviço. Geramos expectativas de que as soluções vendidas vão realmente ajudar o meu interlocutor a solucionar velhos problemas e aumentar o seu lucro, seja economizando mais recursos ou aumentando suas vendas.

Por fim, é chegada a hora de consolidar todas as **INFORMAÇÕES** que você coletou sobre o seu interlocutor e a área solicitante para apresentar uma proposta. Reúna todo o material coletado em *e-mails*, atas de reunião, agregue dicas dos usuários e especialistas, números, pareceres, faça uma pesquisa sólida na *Internet* e em outros meios que somem valor à sua **PROPOSTA**.

Nessa etapa, costumo dizer que, para elaborar uma boa proposta, você precisa pensar como um vendedor interno. Ou seja, elabore um documento que venda independentemente de quem o esteja lendo. Uma boa proposta convence qualquer leitor.

Mas também é muito importante que você apresente sua proposta no momento certo, ou seja, não tenha pressa de submetê-la, é preciso definir com cuidado o momento ideal, depois de ter revisado e conferido todas as informações levantadas, quando você realmente sente confiança no seu documento.

E, inevitavelmente, lembro de um caso em que eu vendi uma proposta de 200 mil reais por um *site*, e o cliente só aceitou porque se enxergava nela, e aí é um jogo de imagem grande. Por isso, na proposta, se você está falando com um cliente de gado, fale de arroba, se você descobriu que, dentro da empresa do seu cliente tem um corredor que é vermelho e precisa mudar de cor, coloque isso na proposta, porque vai ajudar seu corredor a deixar de ser vermelho para ser amarelo.

O que, hoje, falam sobre entregar produtos customizados, com a cara do cliente, é basicamente fazer isso, mas, às vezes, as pessoas desconsideram a proposta. E fazem isso pelo mesmo motivo que desconsideram a ata da reunião, porque ninguém apresenta, e a impressão que passa é que, na verdade, ninguém se importa com o documento, a consolidação de todo esse processo.

Mas a proposta é o último momento que você tem para abrir e analisar ponto por ponto, para você ver onde o cliente está encrencando, para dar os ajustes e toques finais. Às vezes, você vai precisar analisar o preço ou reavaliar algum outro ponto, mas não se preocupe, pois, é mais um momento precioso para você interagir com as pessoas e realinhar a proposta.

O problema é que as pessoas não querem mais interagir, evitam ao máximo, cada vez mais nos dias de hoje. Mas eu me lembro que não mandava minhas propostas à distância para os clientes de jeito nenhum, eu fazia questão de sentar para apresentar cada uma, e isso gerava um impacto imediato no cliente, tanto positivo quanto negativo.

E o mais interessante disso tudo é que quem que criou essa técnica de fazer uma proposta interagindo com o cliente é de 1909, e naquela época já falavam para deixar o cliente experimentar, deixá-lo usar, tocar no produto, e isso é a sua proposta.

Hoje, você vai no supermercado e tem as modelos oferecendo amostra grátis para você experimentar o produto, isso é a proposta! E é isso que funciona, o fato de o bonitão estar servindo algum produto, mesmo que as mulheres saibam que não vão levá-lo para casa, mexe com os desejos das pessoas. E, de uma forma declarada, você está trabalhando, atuando com o inconsciente, e é esse o caminho, se você coloca as coisas certas na proposta, você consegue o **PEDIDO**.

Então o WinnersMap é isso, não há muito o que se pensar, basta seguir o mapa tático que você vai começar a ganhar mais dinheiro. Por outro lado, mesmo sendo bastante prático, ele tem um embasamento científico que trabalha com quatro linhas da psicologia: psicanálise, behaviorismo, existencialismo e o humanismo.

A psicanálise, com sua discussão sobre os limites do inconsciente, ajuda a entender os desejos e vaidades. O behaviorismo, especialmente Skinner e Pavlov, ajudam a entender a ideia de voluntário e involuntário. O humanismo, especialmente

Carl Roger e Maslow, com a pirâmide de Maslow e os tipos psicológicos, que ajudam a escrever a proposta de acordo com o perfil do seu interlocutor. E, por fim, o existencialismo nos ajuda a entender o que define as vontades e os princípios por trás da decisão.

É tudo isso que está por trás e dá sustentação ao passo a passo do WinnersMap. A união da ciência à experiência, justificando a eficácia e o sucesso da minha metodologia de vendas. Ficou com gostinho de quero mais? Não se preocupe, você pode tirar suas dúvidas, e aprender muito mais sobre o WinnersMap, meus cursos e treinamentos no *site* www.WINMAP.com.br

Mas saiba que é importante mostrar as quatro linhas psicológicas que ancoram os princípios táticos do meu primeiro livro, para conseguirmos comparar a diferença entre o peso do WinnersMap e a leveza do Win360°. Por ser um guia estratégico, no Win360° me baseio apenas na psicanálise e no behaviorismo, e não mais nas quatro linhas da psicologia.

Capítulo IV

Capítulo IV:
Win360° - Desenvolvendo o plano estratégico e os emergentes

EMERGENTES

Enfim, chegamos ao Win360°, nosso plano estratégico, um importante processo de transformação que te permite entrar por alguma porta da sua vida e sair renovado do outro lado. Em meus cursos e aulas, costumo adotar um método um pouco diferente para introduzir esse método. Geralmente, as pessoas usam os primeiros momentos para se apresentarem e se conhecerem melhor. Mas quem já foi aluno ou participou de algum curso, sabe que a primeira coisa que todo mundo quer saber é como exatamente aquilo pode te ajudar a resolver os seus problemas.

Quem nunca passou todo um curso angustiado para encontrar a resposta que solucionaria toda a sua vida naquele momento? Geralmente as pessoas passam meses e até semestres na expectativa de "cair a ficha" e o caminho da solução para sua vida se iluminar na sala de aula. Mas, quando o curso acaba, muitas ficam frustradas por não terem achado nenhuma aplicação nem correspondência com suas vidas, e permanece a situação de não ter aprendido nada de útil.

Para evitar esse tipo de situação em minhas aulas, costumo criar uma dinâmica que chamo de Emergentes, onde eu peço para que todos os alunos disparem suas dúvidas, problemas, expectativas com o curso, enfim, todas as informações que eles puderem me passar de antemão.

Pode até parecer bobagem, mas além de tirar um peso das costas do aluno, passa uma ideia geral da turma e já é possível estabelecer um vínculo entre os anseios de cada um e o conteúdo do curso, inclusive, exemplificando a teoria através de casos mencionados por eles. Sabe o que é quebrar o gelo, não sabe? O efeito é sempre muito positivo em qualquer tipo de apresentação inicial. Nesse processo, típicas perguntas sempre repetem.

- Qual a diferença entre Marketing e Vendas?
- Como motivo meu time?
- Como construo metas de vendas?
- Um líder deveria ter sido um técnico no assunto antes de ser líder?

Depois que eu termino os Emergentes, pergunto se todo mundo gostou e, em seguida, me apresento no estilo do Menino de Olinda. Você deve estar pensando agora, assim como todos meus alunos pensam, que raios é menino de Olinda?

Os meninos de Olinda são os responsáveis por conduzir os turistas em um *tour* pela cidade de Olinda, famosa pelo carnaval e pelos bonecos gigantes. Nesse trajeto, os meninos, nativos da região, apresentam os principais pontos e atrativos da cidade, em um discurso muito treinado e afiado por anos de experiência e conhecimentos próprios de quem nasceu lá.

Os meninos de Olinda são referências na cidade, e encantam os turistas com as histórias, culturas e tradições locais, destacando as várias qualidades da região em um curto espaço de tempo, deixando sempre aquela deliciosa sensação de quero saber mais. De tanto percorrer a região do centro histórico, eles sabem o caminho e a apresentação de olhos fechados. Você pode interrompê-los, atrapalhá-los ou fazer perguntas, e eles nunca se perdem, sabem exatamente o que têm que fazer e o que têm que falar.

É por isso que eu trago a ideia dos meninos de Olinda como inspiração para criar um novo conceito de apresentação pessoal. E como ter uma boa apresentação é essencial para causar uma primeira impressão positiva, então o menino de Olinda é o exemplo ideal e vai ajudá-lo a treinar um exercício de apresentação, com a duração máxima de três minutos, que você precisa treinar até incorporar como seu discurso oficial e ficar gravado na memória.

Assim, quando você estiver se apresentando, mesmo que esteja um pouco nervoso ou seja interrompido, você nunca vai se perder, porque vai ter um roteiro planejado em sua cabeça, vai saber exatamente onde parou e poderá retomar tranquilamente. Também vai se sentir mais seguro e confiante, afinal, aos poucos, você vai adquirindo plena consciência de suas bases e conhecendo as suas reais potencialidades.

Com esse exercício do Menino de Olinda, incentivo meus alunos a elaborarem suas apresentações pessoais, como um cartão pessoal com suas principais informações, que eles treinam e internalizam até ficar na ponta da língua, em qualquer situação, sempre que surgir uma oportunidade ou quando conhecerem alguém importante.

E para que possa vivenciar e sentir a experiência dessa dinâmica no meu curso, convido você a entrar no *site* e treinar o seu Menino de Olinda!

https://www.winmap.com.br/

Se o seu celular não direcionar, deixo a seguir a estrutura do discurso para a construção e treino:

Dominic de Souza

1. Empresas em que você já trabalhou – Foco nos nomes mais famosos.
2. Profissão – De formação ou atuação.
3. Curiosidade – Algo que seja interessante mencionar.
4. Pessoal – Família, criando limites entre a relação comercial.

E, caso você pense em pular e ache que realmente não precisa disso, lembre-se de quando foi a última oportunidade em que travou ao se apresentar para uma pessoa importante, ou quando você encontrou o presidente de sua empresa no elevador e não soube o que dizer durante três minutos.

Se você tem pelo menos uma lembrança desse tipo, sugiro que interrompa esta leitura agora mesmo e treine o seu Menino de Olinda. Uma apresentação objetiva e convicta é imprescindível para começarmos nossa caminhada do Win360° rumo à volta por cima na vida.

A partir desse exercício do Menino de Olinda, também já conhecemos dois alicerces do Win360° que vão nos acompanhar nesta jornada. O primeiro deles é o "perceba, perceba, perceba", para os alunos conseguirem detectar quais são seus principais desafios, e segundo é "angústia-direciona-celebra", uma síntese do processo que estamos iniciando agora e vamos seguir até o final deste livro.

Vencer 360° - Equilibrando a vida

Sempre que apresento esses lemas, os alunos ficam motivados e envolvidos, afinal, eles nunca viram um curso começar dessa forma, mostrando como será o início, meio e fim do processo que estão se inserindo. Então, normalmente, passo alguma tarefa, peço para eles escreverem o exercício e todos ficam angustiados.

Eu sei que é difícil para as pessoas conseguirem se apresentar, detectar seus problemas e falar disso em público, mesmo que estejam em um ambiente seguro, por isso, peço para dois ou três alunos fazerem o Menino de Olinda na frente da sala. Acho muito interessante que, além do aluno ficar angustiado porque tem que fazer a dinâmica, quando ele vai se apresentar na frente da sala, eu troco de lugar com ele e me sento no meio dos alunos, na posição de espectador, o que parece aumentar consideravelmente a sua responsabilidade e peso daquela atmosfera de tensão.

Então, enquanto eles esperavam que eu estivesse me apresentado primeiro, como professor, eu já começo massacrando a turma para tirá-la da zona de conforto. É fantástico observar como, mesmo os alunos mais extrovertidos, na hora que ficam na frente e olham para toda a classe, cada um reage ao seu jeito: tem gente que treme, que sorri, que fica pálida, alguns quase desmaiam.

Eles até pensam o que vão falar, se planejam, mas, na hora, não sai nada. Eles começam a entender que o medo ainda fala mais alto e, depois do meu retorno para a turma, eles expõem suas opiniões, uma espécie de *feedback* para aqueles que se apresentaram na frente da sala, conscientizando os alunos de que todos notam o que pode ser melhorado em cada apresentação, e não apenas o professor.

A partir dessa reflexão inicial de que é preciso enfrentar o medo e os bloqueios para desenvolver todas as suas potencialidades, apresento o "perceba, perceba, perceba", o segundo alicerce do Win360° que demonstra a importância de conseguir perceber aquilo que está te prejudicando, limitando a sua atuação.

É claro que todo mundo prefere ficar sentado, quieto e sem ser incomodado, do que ter que se levantar, na frente de todos e fazer uma apresentação. É uma zona de conforto, por isso, é notável a diferença entre estar sentado, no seu lugar, e se levantar, na frente de todos, mesmo em um ambiente que você já está familiarizado. Agora, muitas vezes você terá que se apresentar em um ambiente que você está pela primeira vez e não conhece ninguém. E não há outra escolha, você terá que enfrentar.

É por isso que eu repito para meus alunos, o mais importante é treinar, porque treino é treino, e jogo é jogo, e se você não praticar, nas situações críticas, você vai travar, então treine com os amigos, em frente ao espelho ou do jeito que você preferir. Tanto este livro quanto meus cursos são feitos para treinar, porque quando você incorpora sua apresentação e precisar falar com alguém, vai sair tudo naturalmente. Não há segredo, o caminho é treinar para conseguir adquirir musculatura.

Para mostrar como o exercício do Menino de Olinda pode ser útil, sempre lembro do caso em que tive que me apresentar para o CIO de um grande banco, quando ele descia do palco, após uma apresentação. E foi aí que eu descobri que esse simples exercício pode transformar momentos inesperados em conversas pertinentes, prender a atenção do seu interlocutor em poucos segundos, além de criar uma curiosidade, proporciona o aumento de sua *network*.

Não era um momento propício, ele era o centro das atenções, mas era a pessoa com quem eu precisava falar. Enquanto ele descia as escadas do palco, eu comecei o meu Menino de Olinda! Contei que estava escrevendo um livro e ele se interessou, inclusive, marcamos uma reunião para eu presenteá-lo com o livro.

Dito e feito! Por conta do meu Menino de Olinda, consegui uma reunião com o mais alto nível de tecnologia do banco, a pessoa com o maior orçamento da América Latina para investir em tecnologia! E se eu não tivesse com minha apresentação na ponta da língua? Provavelmente nada disso teria acontecido e, agora, eu não estaria escrevendo este meu terceiro livro.

Mas, depois de feito esse exercício, podemos entrar no passo a passo do Win360°, e agora todos vão entender como funciona o conceito de angustia – direciona – celebra, porque é em cima desse processo que a gente vai trabalhar durante todo o livro.

Tudo começa quando eu explico a matéria e peço exercícios, todos ficam angustiados porque se dão conta que não prestaram atenção suficiente, ou dá aquele desespero de "Opa! Agora tem que escrever, eu não prestei atenção!", e isso assusta as pessoas. Mas a segunda etapa é direcionar, porque, conforme vou explicando as etapas e as pessoas vão entendendo o conteúdo, elas se acalmam e começam a pensar como fazer, a treinar e praticar. E a etapa final é celebrar, porque, depois, todos conseguem fazer os exercícios e as dinâmicas sozinhos!

Então é por isso que eu já antecipo quais são as três etapas internas deste livro: primeiro, você vai se angustiar porque vai entrar em contato com conteúdos e experiências inéditas, o que gera um mal-estar natural da primeira etapa desse método. Depois, você vai ser direcionado, por mim, para exercícios e dinâmicas que o farão entender e aplicar os conceitos nas situações do seu dia a dia, percebendo os resultados.

Por fim, vamos celebrar juntos, pois, ao final do Win360°, você já terá internalizado esse guia estratégico e passará a praticá-lo, sozinho, em todos os momentos da sua vida, sempre que enxergar uma nova possibilidade ou tiver que enfrentar um novo desafio.

Portanto, caro leitor, se, em algum momento durante a leitura deste método, você se sentir angustiado ou despreparado,

NÃO DESISTA!

Continue. Isso faz parte do processo, é o melhor sinal de que você está aprendendo. Por isso, a todo momento, vou estimulá-lo a seguir em frente e, juntos, vamos direcionar e celebrar, até sairmos, totalmente transformados, do outro lado.

Capítulo V

Capítulo V
Win360 — Objetivos

A – B OBJETIVOS

CONCLUSÃO

O próximo excerto que irei apresentar do Win360 é o processo de condução, a ação de conduzir alguém ou alguma coisa de um ponto para outro, ou, em outras palavras, o deslocamento de A para B. Para demonstrar o processo de condução, eu uso três modelos e eu vou explicar cada um deles.

O conceito é o de incino/saída, já mostrei um processo de condução e explica a lógica por trás dele, como a pessoa for-

Capítulo V:
Win360° - Objetivos

A – B OBJETIVOS

Chegamos aqui, ao Win360°, bem diante da porta da transformação da sua vida. Agora vamos avançar no passo a passo desse plano estratégico, crescendo junto com o processo a cada nova etapa. Lembre-se, se ficar em dúvida, não hesite em voltar algumas etapas e começar novamente, se quiser aprofundar em algum conceito, sugiro que entre em meu site (www.winmap.com.br), e se quiser realmente sair transformado e dar a volta por cima, então recomendo que siga em frente!

CONDUÇÃO

O primeiro exercício que eu apresento do Win360° é o processo de condução, a ação de conduzir alguém ou alguma coisa de um ponto para outro, ou, em outras palavras, o deslocamento de A para B. Para demonstrar o processo de condução, eu uso três modelos, e eu vou explicar cada um deles.

O Condução é o do lixeiro, onde eu mostro um processo de condução e explico a lógica por trás dele, como a pessoa foi conduzida de A para B, quais etapas e ferramentas foram necessárias para isso. Costumo usar um filme de exemplo, onde aparecem dois lixeiros, em um caminhão de lixo, e uma mulher andando na rua, e eles fazem uma série de ações, em quatro cenas: um assovio, uma rosa, uma encenação e uma dança, e por fim ela acaba batendo a cabeça no poste.

https://goo.gl/3wH5nZ

A primeira pergunta que, inevitavelmente, surge nas aulas é: mas por que eles estão fazendo isso? Por isso, é importante que você perceba que essas ações foram tomadas para, justamente, conseguir atrair a atenção da mulher que andava na calçada. Mas por que eles escolheram uma rosa para atraí-la, por exemplo, e não um *kit* de ferramentas ou qualquer outra coisa? Você já pensou o que significa receber rosas?

Se você é uma mulher, sabe que tem uma simbologia toda especial. A rosa pode remeter a romance, bons momentos, amor, à paixão, um pedido de desculpas ou um belo perfume, e isso certamente seria capaz de chamar a sua atenção.

Se você for um homem e ainda não souber o que significa dar rosas a uma mulher, faça o teste, e perceba que são tantas as emoções que se afloram que, com este presente, é impossível não despertar, no mínimo, a atenção feminina. Já o restante vai depender de suas habilidades românticas e cavalheirescas nas aventuras do amor.

Porém, quero mostrar, com essa cena, que as ações dos lixeiros foram planejadas para que, em sequência, resultem no objetivo final: fazer com que a mulher bata a cabeça no poste! Ao olharmos mais detalhadamente às cenas, é possível notar que, ao jogar a rosa para a mulher, é previamente pensado que o movimento seja para trás, e não para frente, afinal, à frente estava o poste, e ela ainda não poderia se atentar a isso naquele momento, senão tudo daria errado nessa sequência.

Perceba o que isso significa: a partir do momento em que você define um ponto de partida, o ponto A, e o ponto B, de chegada, necessariamente você precisa planejar as etapas do seu processo de condução que te levarão até lá.

Pessoalmente, o que mais gosto nesse exemplo do filme é o fato de que uma das etapas tenha que ser jogar a rosa para trás, obrigatoriamente, para conseguir finalizar esse processo de condução. E, muitas vezes, na vida também é assim, dependendo do nosso objetivo, do ponto B, se torna necessário voltar algumas etapas para poder, de fato, seguir em frente, não é mesmo?

Portanto, é importante perceber como planejar bem as etapas do seu processo de condução é determinante para conquistar o seu objetivo, e como alguns detalhes fazem toda a diferença ou põem tudo a perder.

Agora que você entendeu esse processo de condução, é hora de partir para as tarefas. Na cena anterior, como vimos, o processo de condução é feito por dois lixeiros que têm como objetivo fazer uma mulher bater a cabeça no poste, e, para isso, eles fazem uma sequência planejada de ações. Mas, na vida, cada pessoa tem um objetivo diferente para alcançar e, por isso, os passos para chegar até eles variam bastante de um processo de condução para outro.

> A sua primeira tarefa é simples: defina o seu ponto A, algum problema ou dificuldade que você esteja enfrentando em sua vida. Depois, defina o seu ponto B, ou seja, aonde você quer chegar, o que deseja conquistar ou resolver. Use as linhas abaixo para fazer isso.

_____

_____

_____

_____

_____

Sua cabeça, neste momento, deve estar pensando em diversos pontos A e B que você gostaria de usar e, provavelmente, assim como meus alunos em sala de aula, você deve estar se sentindo um pouco angustiado, sem saber exatamente o que escolher ou fazer.

Mas lembre-se que essa sensação faz parte do processo, mostra que você está pensando em coisas novas e desafiadoras. Por isso, concentre-se em suas prioridades e vá em frente! Você está dando um grande passo ao começar a construir seu próprio processo de condução.

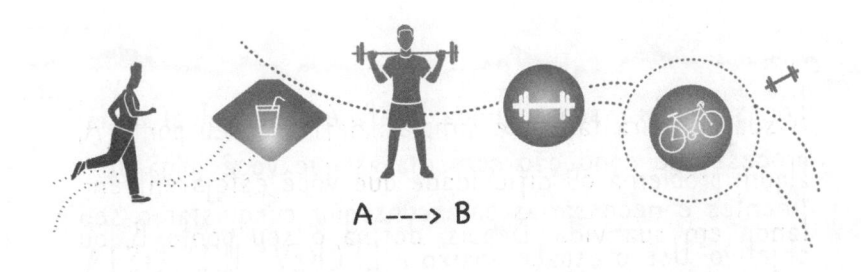

Para te incentivar a seguir em frente nesse processo, vou contar um exemplo pessoal. Durante um momento da minha vida, o meu principal objetivo foi emagrecer, e minha meta era perder os 30 kg extras que havia ganhado nos últimos anos. Eu sabia que não conseguiria perder os quilos extras de uma hora para outra, então elaborei o meu processo de condução e uma sequência de passos para alcançar o meu objetivo.

Eu queria ir de A para B, então A eram os 100 kg, o meu ponto de partida, e eu queria ir para B, que são os 70 kg ideais, e a partir disso passei a definir quais seriam meus passos e em que ordem eles seriam executados: exercícios leves, acompanhamento psicológico, cirurgia bariátrica, esportes e, por fim, 30 quilos a menos! Assim como os lixeiros, elaborei uma sequência de passos que me levaram a meu objetivo, mostrando a efetividade dos processos de condução.

Outra Cadeia que construí foi a minha Cadeia Financeira. A partir desse meu modelo pessoal do processo de condução, perceba como eu precisei definir, primeiro, quais eram as ações que poderiam me ajudar a emagrecer para que, depois, eu pudesse organizá-las, em ordem de viabilidade, como etapas até chegar no ponto B.

> Por isso, agora, sua segunda tarefa é desenvolver o seu processo de condução com etapas que você julga pertinentes e necessárias para conseguir conquistar o seu objetivo. Use o espaço abaixo e ESCREVA UMA LISTA, em itens, com os principais passos que você precisa percorrer para chegar ao seu ponto B.

_____
_____
_____
_____
_____

Dominic de Souza

Vencer 360° - Equilibrando a vida

Lembre-se que, no caso dos lixeiros, eles usaram o assovio, a rosa, a encenação e a dança como passos para alcançar o objetivo (ponto B), que era distrair a mulher para que ela batesse a cabeça no poste. É claro que, para que a cena desse certo, a mulher precisava reagir às ações do lixeiro, confirmando sua distração.

E é por isso que eu aproveito para mostrar que, em um processo de condução, uma pessoa não tem que saber tudo, ou segurar a responsabilidade total nas costas, afinal, o fato de você conduzir significa 50% do trabalho, mas os outros 50% são da outra pessoa respondendo aos seus estímulos.

É hora de tirar o peso das costas e apostar em um bom planejamento das suas ações, mas sempre lembrando que você precisa dos 50% da outra pessoa para concluir o seu processo e, portanto, você não é o único responsável e no controle de tudo, pode respirar fundo e soltar o nó da gravata.

Na psicologia, o processo de fobias em pacientes é curado como um processo de condução, um método que não soluciona os problemas de um dia para o outro, mas é extenso, onde a única forma de superar as dificuldades é aprender a enfrentar cada situação.

Por isso, em uma condução, você precisa pensar na estratégia, definir muito bem onde você está e aonde você quer chegar, e se lembrar que o caminho a trilhar, provavelmente, será extenso e nada fácil. Assim como as fobias, no processo de condução não existe uma cura imediata, é preciso avaliar as singularidades de cada situação ou objetivo para conseguir estipular quais serão os melhores passos para te conduzir ao seu objetivo. Portanto, concluímos por analogia que, em um processo de condução, não adianta acelerar ou pular as etapas e processos importantes porque isso tende a comprometer o seu desempenho futuro.

Agora que você listou os passos do seu processo de condução, certamente já consegue visualizar melhor qual é o seu objetivo e como você pretende chegar até lá. Porém, novamente, é o momento da angústia.

> E, como uma terceira tarefa, você deve desenhar esse seu modelo de condução.
> Sim, é isso mesmo, desenhar! Você precisa desenhar os pontos A e B e as etapas que acabou de listar. Mas calma, não se desespere! Eu avisei que você se sentiria angustiado, e estou aqui para te direcionar novamente ao processo. Veja, abaixo, um exemplo de como ficou o desenho do meu processo de condução para emagrecer 30 kg e se inspire!

Desenhar os seus passos não é um exercício para as pessoas rirem da sua falta de coordenação motora, mas é um exercício que facilita o seu poder de síntese. Aliás, desenhar é um método utilizado por diferentes correntes da psicologia e da filosofia, como a antroposofia, que auxilia a observar, sentir, agir e pensar de modo mais consciente e diferente do que antes. E saem uns desenhos surpreendentes, as pessoas começam a desenhar e entendem que têm que sintetizar suas ideias, mesmo que não tenham a habilidade do desenho artístico.

Então essa é a magia do exercício, ele começa em listas apenas com os passos, e depois você tem que comunicar o mesmo conteúdo, mas em outra forma de linguagem.

Quando você está desenhando, está se expressando para si e para o outro e, mesmo que você não tenha essa habilidade, o seu corpo começa a trabalhar isso de forma diferente, então tem um deslocamento interno gigantesco para acionar essa capacidade de síntese, mas muitos não percebem isso e ainda acabam associando, erroneamente, o ato de desenhar como algo infantil e imaturo. Pura bobagem.

Mas agora que você já se angustiou e foi direcionado para o exemplo do desenho do meu processo de condução, é hora de executar a sua tarefa.

Dominic de Souza

DESENHE o seu processo de condução a partir do ponto A e das etapas necessárias para chegar até o ponto B. Confie na sua intuição, tenho certeza de que você também irá se surpreender com a sua capacidade de síntese através do desenho.

Vencer 360° - Equilibrando a vida

Essa é a hora em que, nas aulas, eu costumo brincar que a ficha caiu. E por quê? Porque até você não passar pela experiência e vivenciar a dinâmica da condução, parece que nada fazia muito sentido, certo?

Mas você percebeu como, na verdade, quando falamos em processo de condução, então estamos conduzindo comportamentos? E a lógica que sustenta isso é muito simples. O seu problema é emagrecer? É um processo de condução. Aumentar suas vendas em 200%? É um processo de condução. Quer sair de uma dívida ou fechar um grande contrato? Processos de condução. Sou capaz de dizer que, se é feito pelo homem, qualquer coisa envolve um processo de condução, justamente porque estamos, no fundo, lidando com comportamentos, ações e planejamento, enfim, com seres humanos e suas expectativas.

E eu costumo tirar o peso das costas dos meus alunos, explicando que, de fato, você precisa saber as âncoras, planejar todas as etapas e o que você deseja conquistar, porque 50% é o seu trabalho. Mas, nesse caso do exemplo do filme, quais são as âncoras, o que foi escolhido para chamar a atenção dela? Não são todas mulheres que gostam, mas o assovio chama a atenção, rosa é uma coisa que definitivamente chama a atenção, assim como a encenação do Titanic, e a dança eu diria que se enquadra aqui como humor, comédia.

Minha mãe sempre me falou "o atalho para o coração da mulher é fazer ela rir", então, são coisas que mulher gosta, que prendem sua atenção e eles usam isso ao seu favor, as âncoras. Você lembra para onde ele jogou a rosa? Para trás, se ele joga para frente, ela teria visto o poste. Isso mostra como cada um desses passos do processo de condução têm que estar devidamente amarrado com o outro e, nesse caso, quando ele joga a rosa para trás também se evidencia bem isso.

Mas, se você notar, vai ver que em cada um dos intervalos eles sempre fazem uma coisa amarrando à outra. O processo de condução funciona assim: 50% são o seu trabalho, você não está isento, tem que trabalhar para chegar até lá, mas 50% depende do outro e chegar nos 100% é o que vai constituir a sua imagem concreta, auxiliar o interlocutor e trazer benefícios óbvios.

É essa a estrutura que garante que seu produto saia do outro lado. Mas o fundamental é que você grave que o segredo da condução é, na verdade, como você planeja e amarra todos os passos do seu processo. Por isso que eu chamo do momento "a ficha caiu" do curso.

É a mesma sensação dos meus alunos, que têm que apresentar o seu Menino de Olinda, mesmo sem eu ter me apresentado antes, então eu já entro com conteúdo e tarefas e, naturalmente, todos sentem o choque, uma pressão inicial. Porém, quando eu começo a explicar o processo de condução, mostro filmes, dou exemplos pessoais e realmente os engajo a fazer, faço com que eles passem pelo processo de condução e, como você, experimentem a vivência desse processo, se colocando ali, com seus próprios objetivos. O que acontece? PLIM. A ficha cai.

Se até então você não tinha entendido a teoria, o conceito por trás disso, agora você passou pela experimentação, sentiu a angústia e a enfrentou, realizou a sua tarefa. Você já passou pela parte mais difícil, que é começar. Agora, você começa a realmente entender o processo e, por isso, as dificuldades tendem a diminuir, até que, lá para a quarta ou quinta tarefa, você já estará familiarizado e confortável com essas dinâmicas e, com certeza, já terá percorrido mais da metade do caminho para dar a volta por cima em sua vida.

Mas é importante perceber que, com o método Win360°, você pode ir crescendo com os passos, não é simplesmente aplicá-lo cegamente e ficar esperando que alguma coisa aconteça, mas você precisa fazer, acompanhar e ir crescendo em cada uma das etapas para viver todo o seu potencial transformador.

Por isso, no decorrer do livro, vamos voltar algumas vezes para essas tarefas iniciais, afinal, conforme avançamos com o conteúdo, certamente teremos mais ferramentas para revisar esses primeiros passos e potencializá-los. É por isso que eu digo que não há segredos para o sucesso, mas força de vontade.

> É preciso realmente querer e estar disposto a vivenciar um processo de transformação de suas potencialidades em 360°, e isso não se faz linearmente, nem de uma vez só. Então, respire fundo e aperte os cintos, vamos avançar mais uma etapa do nosso plano estratégico.

CADEIA DE S-R: ESTÍMULO E RESPOSTA (S - R)

Quem não se lembra do momento em que teve que resolver a sua primeira equação de segundo grau? Na escola, com o professor ensinado pacientemente, parece tudo fácil, e aquela sequência enorme de números é reduzida rapidamente a um resultado. Mas a conversa é outra quando você sai da escola e tem que fazer o dever de casa sozinho, sem ajuda de ninguém. Aquela simples equação se transforma em um código impossível de decifrar, e você simplesmente trava. Na escola, no dia seguinte, todos ansiosos para descobrir como resolver aquele mistério, e de repente, com uma única dica do professor, tudo ficava óbvio de novo.

É mais ou menos isso que vai acontecer com você agora, porque vamos aprender algumas dicas do behaviorismo que vão facilitar e trazer clareza para o exercício de condução. Nós já fizemos o exercício antes, e apesar de ser simples, todo mundo se angustiou, agora vamos aprender as técnicas behavioristas que dão sentido e embasamento teórico para o processo de condução e, depois disso, tudo vai ficar óbvio.

Existem diferentes linhas de pesquisa na psicologia. Uma delas é o behaviorismo, uma teoria de investigação que procura examinar de modo mais objetivo o comportamento humano e dos animais em termos de estímulos observáveis e respostas produzidas em situações específicas, ou seja, estímulos e respostas (S-R).

E é impossível falar da psicologia behaviorista sem falar em Skinner e Pavlov, os principais expoentes desse método.

Quando falo desses nomes, geralmente meus alunos fazem cara de desentendidos, como se estivesse falando de uma coisa de outro planeta. Mas o que eles não percebem é que eles conhecem os princípios do método, só não têm ciência disso.

Imagine que agora, bem do seu lado, tem uma pessoa chupando um limão, daqueles bem azedos, com a casca verde e um intenso aroma cítrico, fazendo um barulhinho insuportável. Se você ficou com a boca cheia de saliva, contorceu o rosto, ou simplesmente se incomodou, você respondeu ao estímulo (S), involuntariamente, com uma resposta (R), e comprovou a teoria behaviorista!

Agora imagine que isso acontece o tempo todo, em todos os lugares, os estímulos que você envia gera respostas, voluntárias e involuntárias, em outras pessoas, e o mesmo acontece quando a pessoa te envia estímulos. Você deve estar se perguntando como não percebeu isso antes, certo?

A coisa mais legal do behaviorismo é que ele ajuda a entender o processo de condução. Nesse sentido, a condução nada mais é do que uma cadeia de estímulos e respostas (S-R). Vamos lembrar do lixeiro para perceber como uma coisa está amarrada na outra, formando uma grande cadeia de estímulo e resposta. Quem conduzia eram os lixeiros, e o primeiro estímulo enviado por eles foi o assovio e a resposta foi uma olhada rápida. O segundo estímulo foi jogar a rosa e a resposta foi a mulher olhar para trás. Perceba que a rosa foi jogada propositalmente para trás, caso contrário, ela veria o poste.

O terceiro foi a encenação, e a resposta foi a atenção completa ao que eles estavam fazendo. Por fim, o último estímulo foi a dança e a resposta foi um sorriso, quando enfim eles alcançam o objetivo e ela bate a cabeça no poste. Por isso, sua cadeia de S-R tem que ser coerente com os seus objetivos, não adianta elaborar qualquer sequência de passos ou executá-los de qualquer jeito. Fique atento e confira se você calculou corretamente a sequência dos seus passos no exercício de condução, para montar uma cadeia efetiva de estímulos e respostas.

Inicialmente, você notou apenas o assovio, a rosa e a encenação do Titanic no processo de condução do filme? Agora, você está percebendo a importância da ordem dos passos, que a rosa lançada para trás indica que o estímulo tem que ser feito corretamente para direcionar a resposta esperada. Com isso, já podemos perceber que existem estímulos grandes, mas também os estímulos sutis, e isso que é importante entender e incorporar no seu processo de condução. O principal segredo, na cadeia de condução de estímulos e respostas, é o tempo, que vou chamar de ΔT (Delta T).

> O importante é perceber que, em algumas situações, o tempo da resposta após o estímulo varia bastante, porque existem cadeias de estímulo e resposta curtas e longas, ambas são efetivas e complementares, e a grande diferença é o tempo de reação da pessoa ao estímulo.

MODELO 2 - ESTÍMULO E RESPOSTA (S - R) - RESTAURANTE

Certa vez, percebi a importância do ΔT de maneira inesperada. Um dia desses, estava em um restaurante com a minha esposa e, após o jantar, o garçom se aproximou e entregou um questionário promocional para preenchimento voluntário, dizendo que, caso eu respondesse, ele recolheria e mandaria para os promotores responsáveis por aquela promoção.

As perguntas abordavam tudo, de qual era a renda da minha família até qual o carro que dirigia, se tinha filhos e se gostava de viajar. Por fim, pedia para elaborar uma frase romântica para sua companhia e, embalado por uma taça de vinho, soltei a criatividade.

Alguns dias depois, recebi a ligação de uma secretária me informando que a minha frase havia sido escolhida e eu tinha ganhado a promoção. É claro que eu, como professor de *marketing*, já sabia que ia ganhar e não tinha para ninguém! Mas, brincadeiras à parte, esse é um belo exemplo de um estímulo longo, lançado no dia do jantar e amarrado alguns dias depois.

Perguntei o que era necessário para retirar o prêmio, alguns ingressos para um famoso parque de diversões, e fui informado que bastava comparecer à sede da empresa, acompanhado de quem havia jantado comigo na noite de preenchimento do questionário.

No dia agendado para a visita à empresa, algumas horas antes do encontro, a secretária me ligou perguntando se minha esposa estava indo comigo, porque se eu chegasse lá sozinho, não poderia participar.

Chegando na empresa, um lugar muito bonito localizado em um bairro nobre, sou recebido com atenção, assisto à apresentação inicial da empresa, vejo um filme promocional e, alguns minutos depois, um representante da empresa me oferece um roteiro de viagem caríssimo. Um homem alto, bem-vestido e cheiroso senta-se ao meu lado e começa a explicar os principais atrativos da proposta, dizendo que eu era o cliente ideal para aquele pacote e me perguntando se estava interessado.

Quando ele acabou, questionei se ganharia o presente mesmo não comprando o pacote, ele disse que sim, então recusei a oferta. Ele agradeceu e se levantou rapidamente, e logo outro homem sentou-se em seu lugar, igualmente alto, bem-vestido e cheiroso, fazendo perguntas similares.

De início estranhei, mas como ele estava sendo educado, respondi todas as perguntas pacientemente. No final, ele faz a mesma proposta do representante anterior, mas agora reduzindo o preço em 25%, era pegar ou largar. Perguntei se ganhava o presente mesmo recusando a oferta, ele disse que sim, então recusei novamente.

Quando olhei para trás, procurando onde estavam meus filhos, esse rapaz levantou e outro se sentou em seu lugar. A mesma história aconteceu, mas, dessa vez, ele reduziu o valor pela metade, disse que só estava fazendo aquilo porque eu tinha o perfil l ideal para aquele pacote e me deu um ultimato. E por aí vai todo esse processo até chegar no final e, seis horas depois, retirar meu presente promocional.

Essa técnica de investidas rápidas e sequenciais que usaram para me fazer comprar o pacote de viagem é um belo exemplo de uma cadeia de estímulos curtos, que preparavam todo o cenário para eu dar uma resposta positiva rapidamente, e quando eu recusava, outra pessoa tentava tudo de novo, se aproveitando da agilidade da situação e de meu cansaço.

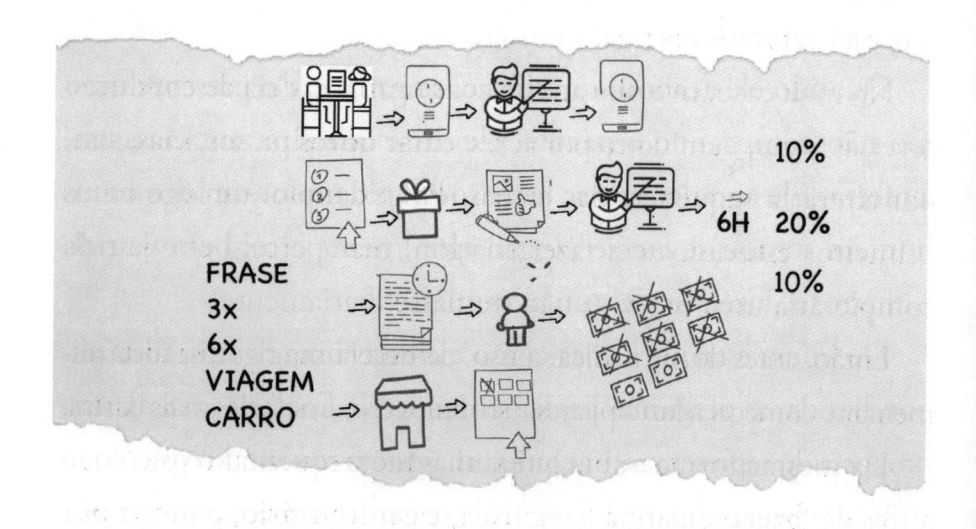

Mas, voltando ao começo dessa história, você realmente acha que eu ganhei a promoção porque minha frase era a melhor? Definitivamente, não. Eu ganhei a promoção porque meu perfil era considerado o ideal para aquele produto, então caí perfeitamente em uma cadeia de condução com estímulos curtos e longos de uma agência de turismo que queria vender mais pacotes internacionais.

O caso da promoção de viagens ilustra bem como uma cadeia de condução é importante para alcançar seus objetivos e pode mostrar onde estão os principais erros de sua operação.

Por exemplo, se o estímulo inicial, que é o questionário nos restaurantes, é respondido por apenas 30% dos clientes, significa que, de repente, os restaurantes que você escolheu não são os frequentados por seu público-alvo, ou então, seu questionário pode estar errado. Assim, montando uma cadeia de condução, você consegue voltar nela sempre que for preciso e, então, percebe o que está errado e corrige.

No meu caso, tive que aperfeiçoar minha cadeia de condução diversas vezes, nem tanto por acrescentar novos passos, mas, sim, por alterar a sequência das etapas. Por exemplo, um dos meus primeiros estímulos era fazer triátlon, mas percebi que jamais completaria uma prova se não treinasse diariamente.

Então, antes de me dedicar a isso, comecei uma rigorosa dieta alimentar e comecei a fazer pilates, estímulos com respostas mais curtas.

Da mesma forma, sabia que tinha que frequentar o psicólogo antes de fazer a cirurgia bariátrica, caso contrário, poderia pôr tudo a perder. Assim, reformulei a sequência de minha cadeia de condução para garantir que alcançasse o meu objetivo com êxito, dentro de um processo que viável que considerasse todas as minhas necessidades.

Muitas vezes, as etapas de estímulo de condução estão corretas, mas a ordem de cada uma está comprometendo a efetividade da sua cadeia de S-R. Imagine se o primeiro estímulo dos lixeiros fosse a rosa, certamente eles iriam atrair a atenção da mulher, mas jamais alcançariam o objetivo de fazê-la bater a cabeça.

> Sua quarta tarefa agora é DESENHAR sua cadeia de condução através dos conceitos de estímulo e resposta, identificando quais dos passos são estímulos curtos e quais são estímulos longos. Se sua cadeia não der certo na primeira tentativa, você pode voltar e montar tudo de novo, sem ter pressa. Essa revisão pode te ajudar a elaborar e definir melhor a sequência de estímulos que você quer enviar para chegar até o seu objetivo.

O processo pode ser simples ou complexo, assim, podemos dedicar poucos minutos ou algumas horas para desenhá-lo. Abaixo, um exemplo feito em minutos.

1. Enviar a campanha
2. Em reunião, agradecer as informações que serão trocadas, nivelando as pessoas da reunião
3. Fazer um whiteboard para o entendimento do que será apresentado na reunião
4. Realizar apresentação ou DEMO
5. Definir próximos passos

Dominic de Souza

DESENHE sua cadeia aqui

> Agora que você entendeu os principais conceitos do behaviorismo, como estímulo e resposta, voluntário e involuntário, vamos conhecer outros conceitos da psicologia, dessa vez da psicanálise, que nos ajudam a entender e a aperfeiçoar a cadeia de condução.

O CÉREBRO E O INCONSCIENTE

Para adentrar nos férteis terrenos da psicanálise e te apresentar os principais conceitos de Freud, como o inconsciente, vamos pensar em uma situação muito cotidiana a todos nós.

Sabe aquela situação, quando você entra no elevador, normalmente tem aquela tradicional olhada para os botões e, se tem Tv, todo mundo fica olhando fixo para ela e, se alguém entra, você cumprimenta. Então você está no elevador e entra uma pessoa, as pessoas se afastam para liberar espaço, entra mais uma pessoa, mais outra pessoa, e qual é a sensação? Começa a ficar apertado, ninguém está encostando em você, mas começa a ficar apertado.

E se entrar mais uma pessoa, como você se sente? Normalmente, meio desconfortável, e entra mais uma, e aí chega um ponto em que não se deixa mais ninguém entrar, todo mundo ocupa as lacunas e fecha os espaços em um claro sinal de LOTADO. E todos nós, independentemente de nossas profissões ou personalidades, conseguimos perceber esse campo de força que se cria em diversas situações sociais.

E esse campo de forças a gente tem que cortar, muitas vezes, para conseguir interagir e comunicar com as pessoas, realmente chamar a atenção delas, tirá-las do comando automático que vivemos grande parte do nosso dia. E a solução para isso é milenar e oriental, o mantra.

O que é mantra para você? Aliás, você sabe o que é realmente um mantra?

Para os yogins, o mantra é como eles se conectam com o universo, através de um som, que é o Omm. Você pode estar se perguntando o que isso tem a ver exatamente com a psicanálise e o Win360°, mas, então, me responda:

Qual é o seu mantra? Como você se conecta com o que há de mais profundo? Nesse momento, quase todo mundo pensa numa frase de impacto ou em alguma música sagrada, mas, na verdade, o seu mantra é, simplesmente, o seu nome.

Naquele famoso filme, "O diabo veste Prada", a executiva que é interpretada pela Meryl Streep tem duas assistentes só para saber o nome das pessoas. Então você pode acreditar em mim, agora que você vai passar a usar o nome das pessoas e vai perceber como elas te atendem diferente, o tratamento muda mesmo, experimente! Isso acontece porque, quando você usa o nome da pessoa, acessa diretamente o inconsciente dela, e ela se abre para as coisas de uma forma mais espontânea.

Provavelmente, quando o chamam pelo nome, você não percebe, mas o seu inconsciente está sendo acessado, porque você cresceu ouvindo aquilo, você foi, por toda a vida, afagado ao escutar seu nome, foi socorrido, foi ajudado, tomou bronca com o seu nome. Então, repetindo o mantra de cada um, você tem acesso direto ao inconsciente das pessoas, e é aí que é importante chegar, no inconsciente.

Quando uma pessoa escuta o próprio nome, o inconsciente dela é ativado, porque ela foi reconhecida por alguém, e o ser humano tem uma necessidade de ser reconhecido. Quando você chama alguém pelo nome, as barreiras caem e a pessoa, sem perceber, se torna mais receptiva. Reagir inconscientemente ao ouvir seu nome faz parte do mecanismo de defesa pessoal de cada um, que está sempre ávido para resolver qualquer problema do seu domínio, incansavelmente.

Então, a cada vez que você ouve o seu nome, é como se o seu mecanismo de defesa pessoal ficasse em alerta, você foi reconhecido e agora está no centro das atenções. É por isso que você não consegue deixar de virar a cabeça sempre que escuta o seu nome, mesmo que muitas vezes as pessoas nem estejam falando com você.

Quando meus alunos percebem que, ao usar o mantra, o interlocutor se mobiliza por uma ação, ele consegue criar musculatura e começa a perceber que a capacidade de influenciar as decisões do outro está no seu controle, com sutileza e em detalhes que, muitas vezes, não damos muita importância.

É por isso que eu sempre digo, se quiser aprender a lidar com o inconsciente, comece a praticar usando o nome das pessoas, de uma forma simples, você vai criar a confiança necessária para conseguir dar os próximos passos nessa relação, afinal, o poder que o inconsciente exerce sobre nós é muito forte.

Você já entendeu a regra do jogo, e aprendeu que estamos todos sujeitos às influências do nosso inconsciente. Agora, você vai entender por que o goleiro pula para determinado canto na hora do pênalti. Alguma coisa faz com que ele pule para a esquerda quando você está atacando, ou você manda uma série de sinais inconscientes e ele pula para o mesmo lado que você. Por isso, vamos usar alguns aportes da psicanálise para começar a desvendar os mistérios da mente humana e entender o que está por trás disso.

Vamos começar o "eu quero, eu quero, eu quero, eu quero". Esse é um mecanismo que temos dentro de nós, e ele fica nessa intensidade o tempo todo. Imagine "eu quero, eu quero, eu quero, eu quero" dentro da cabeça de cada um de nós, todos os dias. Freud, o pai da psicanálise, chamou esse mecanismo de Id, mas prefiro não adotar aqui as nomenclaturas, creio que o mais importante seja entender o conceito e pensar que todos temos "esse bichinho" do querer dentro de nós.

E o que ele faz? O Id é responsável por gerar nossos desejos e, claro, busca realizá-los. Ao mesmo tempo em que instaura nossas novas paixões e desejos, o Id precisa ser resolvido, afinal, ele estimula nossa mente a satisfazê-lo e é aí que entra o "eu quero, eu quero, eu quero, eu quero", até beirar a loucura.

Só que eu vou te contar um segredo, o ser humano consegue lidar com enormes pressões, e a *Internet* está repleta de exemplos de superação, como o monge que já está há três anos sem comer, apenas meditando, ou aquele caso do homem que só se alimenta do sol, como se fosse uma planta fazendo fotossíntese, e eles estão inteiros, vivos até hoje, depois de anos sem se alimentar.

Portanto, nós temos uma capacidade de lidar com a fome muito grande, de acordo com as circunstâncias, como acabei de falar. Por outro lado, se passarmos três dias sem dormir, entramos em um processo de loucura, porque realmente não conseguimos lutar contra o sono, além de um limite.

Nós precisamos dormir, e isso faz parte da nossa biologia como seres humanos. E qual a relação disso com o Id? Quem resolve o Id e evita a loucura é o sonho, então, quando você dorme, o "eu quero, eu quero, eu quero", também dorme, ele apaga e evita a progressão de uma loucura. Mas acordou? O "eu quero, eu quero, eu quero" volta com a mesma intensidade de antes.

E é assim que a nossa psique funciona. Freud associa que o sonho é o momento de acalmar o Id. E como isso funciona? Eu quero voar, eu vi o Superman, eu estou crescendo, todos meus heróis voam, então chega a noite e eu sonho com o quê? Eu quero voar e eu sonho que estou voando! Ao sonhar, todo dia, resolvemos o problema dessa dinâmica com Id, pelo menos por um tempo.

Com a maturidade, logo nos damos conta de que seres humanos não voam, sem avião ou equipamentos específicos, portanto, se eu pular daqui eu vou me machucar, e assim por diante, até que eu entenda a situação e o meu "eu quero, eu quero e eu quero" vá se acalmando e desapareça.

Agora, qual é o problema disso? A nossa fonte é inesgotável e, quando você resolve esse desejo de pular, na hora, nasce outro. Vamos trazer isso para o nosso dia a dia? Costumo brincar que eu sou parecido com o Gianecchini, então eu cresci querendo ser o Gianecchini, e não tirava isso da cabeça, imagine: eu quero ser o Gianecchini, eu quero ser o Gianecchini e eu quero ser o Gianecchini.

Inclusive, tem gente na *Internet*, dois irmãos, que queriam ser iguais ao Brad Pitt, então os dois fizeram cirurgia de mudar queixo, mudar tudo, e ficou assustador, tem gente que realmente pira com essas coisas, mas eu não cheguei nesse estágio, porque caiu minha ficha. Eu pensei que do Gianecchini eu não tenho nada, mas está lá minha vontade.

Vamos lá, o que eu posso fazer para me sentir como ele? Que carro ele tem? Uma Mercedes? Comprei uma Mercedes. Ele frequenta o Figueira Rubayat? Vou ao mesmo restaurante. A esposa dele é loira e ele usa havaianas? Então "eu quero, eu quero, eu quero", comprei havaianas e minha esposa é loira. Está vendo? Quanto mais eu me aproximo do alvo do desejo, menos "eu quero, eu quero, eu quero". Mas ele mudou a Mercedes, a esposa dele agora é morena, parou de usar havaianas, "eu quero, eu quero, eu quero" tudo de novo.

O mecanismo funciona desse jeito: quanto mais eu me aproximo do objeto de desejo, menos problema eu tenho para resolver, quanto mais eu me afasto, pior fica. E o que é o mais interessante disso, se eu consigo aceitar que eu não pareço mais com o Gianecchini, o que acontece? Agora, quero parecer com o Elvis Presley, ou seja, é um processo que, se é bom ou ruim, eu não sei, mas é constante. Então, primeiro, de quem é o problema, de quem é o bichinho? É meu, mas qual é o objetivo da mídia e dos influenciadores? É estimular, despertar esse desejo, só que quanto mais eu estimular, mais você tem um problema e, como você quer resolver, você vai buscar por isso.

É dessa lógica que a mídia se aproveita, sempre criando um estímulo para você correr atrás. Por isso, não adianta responder a 100% dos estímulos, você tem que achar os estímulos corretos. Lembra do assovio, da rosa, da encenação e da dança dos lixeiros, e por que isso? Para a mulher ter o que desejar, criar o estímulo e expectativa de solução, acalmar o "eu quero, eu quero, eu quero".

Mas também temos um agravante nessa história, o que chamo de vaidades. Quando o Id bate com o nosso mecanismo de defesa, se o "eu quero, eu quero, eu quero" te pirar, te levar à loucura, o mecanismo de defesa tem a função de resolver isso. Ele vai reforçar aquele desejo até que você realmente faça alguma coisa para tentar satisfazê-lo, seja bom ou não pra você, afinal, se eu não tenho dinheiro para comprar uma Mercedes, para ele não interessa, meu mecanismo de defesa vai fazer eu ir lá abrir um carnê de dívidas para, finalmente, acalmar o meu desejo.

Para tornar isso ainda mais concreto, você já passou por aquela situação quando você está querendo comprar um tênis, ou uma bolsa, ou alguma coisa que você está namorando, o que costuma acontecer? Daqui a pouco você começa a ver isso em todo lugar.

Ou seja, a sua mente começa a reforçar aquilo, através do mecanismo de defesa, para te estimular a realmente querer e, para isso, ele constrói todo o cenário.

Na *Internet* está cheio de casos, para quem gosta de ver, de gente que perdeu metade da cabeça e está vivo, de quem perdeu o braço e não percebeu, porque nosso corpo tem uma capacidade de desligar daquilo que ele não consegue lidar, então ele ignora e não sente.

E se a gente consegue fazer isso com a parte física, imagina com a mente? Então quando a gente fala que as pessoas só ouvem o que elas querem, é porque realmente elas só ouvem o que elas querem. E, quando eu estou querendo comprar um Uno Mille e fico só vendo Uno Mille, é porque o mecanismo de defesa está me dizendo "você precisa resolver isso aqui, senão, você vai enlouquecer".

É quando entra o que Freud chama de fantasias, um mecanismo de defesa que está um grau além do sono, como um sonhar acordado. Aquilo que eu não consigo resolver no sonho, para não chegar na loucura, a fantasia breca, então dá para entender por que você começa a ver vários Uno Mille quando você decide comprar o carro, porque algumas situações que pareciam reais, na verdade, foi você que imaginou.

Isso significa que nós operamos desse jeito e funcionamos assim, então vamos aprender como lidar com isso, e não ir contra. Eu sempre trabalhei com tecnologia, e costumo ler revistas semanais para me informar sobre diferentes assuntos. Quando comecei a trabalhar com a comercialização de minérios, de repente me dei conta de que uma das revistas, que eu lia há anos, dedica uma coluna inteira só para tratar do assunto, mas eu nunca tinha notado. Passei anos lendo as páginas daquela revista e nunca percebi que havia uma sessão específica sobre minérios, simplesmente porque não era do meu interesse. Esse é um exemplo de como só enxergamos aquilo que queremos ver, e não como as coisas realmente são.

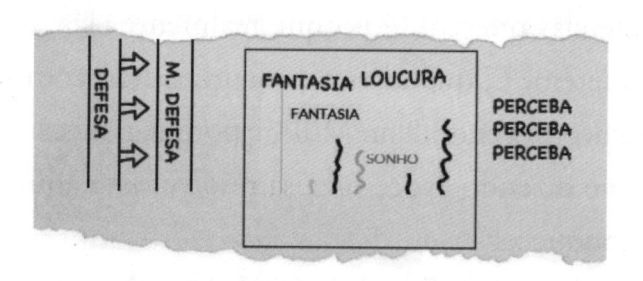

```
DEFESA  M. DEFESA    FANTASIA  LOUCURA     PERCEBA
                     FANTASIA                PERCEBA
                        SONHO                 PERCEBA
```

Para ilustrar como esses mecanismos são acionados o tempo inteiro, diante dos nossos olhos, sem nos darmos conta, gosto de mostrar, aos meus alunos, algumas cenas do filme Jerry Maguire. O protagonista, interpretado por Tom Cruise, é um agenciador de jogadores de futebol americano bem-sucedido, que é demitido e cai em desgraça após declarar que os agentes deveriam ter menos atletas e tratá-los melhor.

Após perder todos seus clientes rapidamente, ele é obrigado a concentrar seus esforços em um único atleta que sobrou, o temperamental e problemático jogador Rod Tidwell, interpretado por Cuba Gooding Jr. Nessa relação entre agente e atleta, podemos perceber todos os princípios da psicologia que vimos até agora.

Em determinada cena, os dois são convidados a participar de uma grande festa do esporte, repleta de repórteres, agentes e atletas famosos. Tidwell, ávido por reconhecimento, não consegue esconder sua expressão de descontentamento por ninguém o procurar para uma entrevista.

Muito emotivo, ele se considera inferior e, ao longo de todo o filme, é possível notar como ele reage, por diversas vezes, inconscientemente às coisas que acontecem ao seu redor, e por isso algumas cenas deste filme são ótimas para entender, na prática, o conceito do inconsciente, cunhado por Freud.

Seu agente, o personagem do Tom Cruise, representa os princípios apresentados por Pavlov, porque é o único que percebe o desconforto do atleta e consegue mandar os estímulos corretos para ele se animar, como um sorriso, um toque no ombro, uma piscada ou mesmo arrumando uma entrevista. Com esses estímulos, o agente espera como resposta a confiança e autoestima de seu cliente, para que ele possa, enfim, despontar na carreira e ambos conquistarem o sucesso.

Essa dança que joga com o inconsciente acontece integralmente no filme, e não apenas nessa cena. Por isso eu te convido a entrar novamente em meu site www.winmap. com.br para assistir à minha seleção de cenas desse filme e reparar nos sinais, nos "nãos", nas movimentações e em todo esse jogo de estímulos longos e curtos que o agente manda para seu atleta.

E o mesmo aconteceu com o seriado Lost, que trouxe a capacidade de contar uma longa história em pequenos capítulos. Para não perder o fio da meada, os episódios geralmente começavam com uma revisão do que havia acontecido nos episódios anteriores, dando segmento para a narrativa. Os produtores só conseguiam prender a atenção dos espectadores porque enviavam os estímulos corretos em cada episódio, garantindo a continuidade geral da história.

Quando apresentei os desejos e vaidades, também estava trabalhando com o estímulo e resposta, pois o angustiar era um estímulo que eu enviava para a sua resposta ser direcionada e celebrar.

> Pois bem, você já desenhou a cadeia de estímulo e resposta, mas agora vamos para nossa quinta tarefa e ESCREVA, em lista, quais desejos você está atingindo nessa sua cadeia, e por quê. Avalie se você está atingindo os desejos corretos, de novo, o exemplo da mulher andando: se eu mostro a rosa, eu estou atendendo aos desejos dela, mas se, por exemplo, eu mostro uma barata, ela não vai olhar, então, a rosa faz sentido, e a barata, não.

Por isso, agora, quero que você pegue aquela cadeia de S-R que você fez e liste os desejos e vaidades que está atingindo nesse processo. Se você não sabe que desejos você está atingindo nessa cadeia, está com problemas. Agora, se você souber mandar os estímulos corretos, fica muito mais fácil atingir os seus objetivos.

O que acho mais interessante é que, nesse momento, você pode voltar e analisar suas tarefas anteriores munido dessa nova bagagem de conhecimento. Por isso, diferente do WinnersMap, o Win360° também tem os passos, mas não é uma receita fechada.

E agora que a gente chegou no Sétimo passo do método, o Esquimó, não basta só seguir em frente, mas é hora de voltar e revisar os passos anteriores com uma nova visão, mais completa, que te permite perceber onde você estava falhando, e isso faz parte deste processo de transformação.

Normalmente, em meus cursos, quando chego neste momento do Win360°, muitos alunos me perguntam se podem começar do zero, desde o processo de condução, tudo de novo, porque agora realmente entenderam a coisa, a ficha caiu. E isso é muito legal, é realmente transformador e, por isso, eu te convido a rever seus primeiros passos neste livro antes de continuar. Funciona como um intervalo de aula, é o momento de rever e verificar se, de fato, não passou nenhum detalhe importante, para fortalecer a sua musculatura intelectual.

MODELO 3 - BEHAVIORISMO E PSICANÁLISE - ESQUIMÓ

Agora que você já sabe os principais conceitos do Behaviorismo e da Psicanálise que nos ajudam a entender a cadeia de condução, como involuntário e inconsciente, vamos fazer uma dinâmica que misture essas duas teorias da Psicologia.

A dinâmica do Esquimó serve, basicamente, para mostrar que é possível conseguir tudo aquilo que queremos, até mesmo quando as pessoas duvidam, basta saber usar corretamente as lições de Psicologia que aprendemos para elaborar um processo de condução. Ela também ajuda a avaliar a capacidade de argumentação de vendas, o poder de negociação, a criatividade e a habilidade em entender como os reais benefícios do produto podem ajudar o cliente.

Quem nunca ouviu alguém dizendo que algumas pessoas conseguem tudo o que querem, inclusive vender geladeira para esquimó? Essa frase, muito comum no *marketing* e vendas, remete a diferentes sensações e tem, no mínimo, uma dupla conotação. Pode representar a realização de algo improvável ou difícil, como também pode ter uma conotação pejorativa, representando enganação ou enrolação, por vender algo que supostamente o cliente não necessita. Mas quem disse que um esquimó não precisa de uma geladeira?

Com uma boa história, bons argumentos e os estímulos corretos, você é capaz de convencer até mesmo o morador de uma das regiões mais frias do mundo a comprar uma geladeira, desde que você consiga se colocar no lugar dele e destacar os benefícios que ele terá com o novo produto. Você pode começar com coisas banais, como, por exemplo, listando algumas vantagens que o produto vai trazer à vida daquela pessoa. Assim, se o esquimó tiver uma geladeira, poderá colocar um pinguim em cima dela e, como não existe pinguim no Polo Norte, seria a última tendência de decoração. Ou mesmo poderia usar a porta da geladeira para grudar muitos ímãs.

Em seguida, você deve usar seu conhecimento para entender as necessidades dos clientes. Pelas condições extremas da região em que vivem, os esquimós desenvolveram os iglus, moradia típica produzida com blocos de gelo posicionados em espiral que se mantêm grudados devido à neve derretida com o calor feito com óleo de baleia, e mantêm os termômetros em torno dos 15°C na parte interna. Além disso, a restrição alimentar decorrente do clima levou esses povos a criarem uma dieta baseada em peixes e caça, especialmente salmões, baleias e focas.

Antigamente, na temporada de caça no Ártico, os povos tradicionais se aproveitavam da firmeza do gelo flutuante, migravam para o Norte e corriam atrás das focas e baleias. Feito o estoque, os caçadores voltavam para casa e armazenavam a carne em celeiros congelados. No entanto, com o aquecimento global, a camada de gelo fica cada vez mais fina e reduzida, tornando as rotas alagadas e inseguras. Além disso, não há como guardar a carne, porque o calor apodrece os alimentos e pode atrair o urso polar, também conhecido como urso branco, o maior carnívoro terrestre que pode sentir o cheiro de uma foca a mais de 1 km de distância, mesmo que enterrada 1m sob a neve.

Nessas circunstâncias, com a geladeira, o esquimó teria um lugar onde armazenar suas caças dentro do iglu garantindo a conservação dos alimentos, além da comodidade e segurança de não precisar sair de casa para buscar comida e se arriscar a dar de cara com o maior urso do mundo, atraído pelos fortes odores exalados pelos alimentos. Para finalizar, como o inverno é muito longo no Polo Norte, e o ambiente muito úmido, o esquimó ainda poderia secar suas meias molhadas na grade atrás da geladeira, deixando o pé sempre seco e quente, de modo a evitar resfriados.

Comodidade, estilo, segurança e saúde. Em pouco tempo, foi possível enumerar diversos benefícios reais que a geladeira traria para o esquimó, garantindo que ele não foi enganado pela compra. Do mesmo modo, algo que parecia infundado e sem sentido, como vender geladeira para alguém que vive no lugar mais frio do planeta, com algumas informações básicas e os estímulos corretos, se tornou algo plausível e coerente.

Qualquer esquimó ficaria convencido de que precisa de uma geladeira urgentemente! Você concorda que agora faz sentido dizer que alguém vende geladeira para esquimó, essa frase se tornou sensata, não parece algo impossível, se tornou algo fácil, a resposta do esquimó seria comprar a geladeira. Mas por que ela causa a sensação de enganação em algumas pessoas quando a escutam pela primeira vez? Freud explica.

As geladeiras são, atualmente, um dos eletrodomésticos mais vendidos do mundo. É um aparelho móvel, termicamente isolado, munido de um dispositivo produtor de frio que se destina a conservar alimentos e outros itens em baixa temperatura. A primeira geladeira que se tem notícia foi feita em 1854, em Chicago, para uma indústria de carnes. Mas a geladeira se tornou, ao longo do tempo, também sinônimo de frio e isolamento.

Os esquimós, também chamados de inuítes, são povos indígenas que habitam tradicionalmente os gélidos e distantes territórios do Círculo Polar Ártico, no extremo norte do planeta. Pela dificuldade de acender uma fogueira ou mesmo conseguir uma fonte de calor no Polo Norte, os esquimós se acostumaram a consumir seus alimentos crus, hábito que explica a origem do seu nome, derivado de termo *skimatski*, expressão que significa "comedor de carne crua".

O frio no extremo norte do planeta é tão forte que congela tudo que se pode imaginar, dos dedos do pé ao óleo do motor do carro. Logo, qualquer coisa, entre alimentos e animais, pode ser conservada na enorme geladeira natural que é o Polo Norte. Para se ter uma ideia, algumas ilhas isoladas na Groelândia nem sequer têm cemitérios e, quando um morador morre, deve ser enterrado no continente.

Isso acontece porque o frio extremo conserva os cadáveres e impede sua decomposição. Isso seria interessante se não fosse trágico: centenas de corpos enterrados nessas ilhas após uma grave epidemia de gripe foram desenterrados dezenas de anos depois, preservados e com o vírus ainda ativo, representando um risco sério à saúde pública.

Então, se geladeira serve para manter os alimentos resfriados, e os esquimós moram em um enorme congelador chamado Polo Norte, eles nunca vão precisar de uma geladeira, né? É isso que todo mundo pensa quando escuta a frase "vender geladeira para esquimó", mesmo que não nos damos conta disso, porque é um processo que acontece no inconsciente. Você não parou para pensar sobre a questão, mas uma voz na sua cabeça insiste que essa frase é incoerente e sem sentido. Por mais que não admitamos, essa voz tem uma força impressionante dentro de nós, é a voz do senso comum.

O senso comum é a compreensão do mundo que nos rodeia através da herança e da experiência acumulada por determinado grupo social. É uma forma de conhecimento que as pessoas usam o tempo todo, e descreve as coisas que julgamos "normais" em cima de nossas experiências e conhecimentos adquiridos. Mas por ser mais superficial e inconsciente que outras formas de conhecimento, como a ciência, o senso comum não está isento de erros ou equívocos.

Mas isso não significa que ele deva ser combatido, pelo contrário, ele deve ser analisado e entendido para sabermos como lidar com ele. Foi isso que aconteceu com a frase do esquimó, o senso comum sussurrou no nosso ouvido que isso era complicado, mas depois que a gente fez a nossa dinâmica, enviando os estímulos corretos e sabendo trabalhar com o inconsciente, o argumento perdeu força e já não é difícil um esquimó comprar uma geladeira.

O senso comum aparece em muitas outras situações, mas por ser um processo inconsciente, não nos damos conta.

Você já ouviu o acrônimo F.I.A.T., "Família Italiana Atrapalhando o Trânsito"? Ou aquele outro, "Feito no Inferno para Andar na Terra"? Caso você não conheça a origem dessa brincadeira, tudo remete ao icônico Fiat-147, o primeiro modelo produzido pela montadora no Brasil, responsável por introduzir a marca italiana no país, em 1976, mas que não deixou muita saudade.

Até hoje, algumas pessoas evitam comprar carros dessa marca, simplesmente porque o senso comum deixou essa fama que os carros da montadora não tinham qualidade. Mas essas mesmas pessoas não devem saber que a FIAT é dona da Ferrari, umas das principais equipes automobilísticas do mundo, que trouxe carros turbo e com sexta marcha para o Brasil, e agora tem carros cheios de tecnologia, ou seja, parece ser uma empresa realmente muito boa.

Então vamos pensar em outro exemplo. O que vem na sua cabeça quando falamos dos carros da Mercedes? Geralmente as pessoas pensam naquele clássico símbolo na ponta do capô, ou carros caríssimos, porque é isso que o senso comum da marca carrega. Mas vocês lembram do Mercedes Classe A, o primeiro carro popular da Mercedes lançado no Brasil? Então, ele foi submetido a uma experiência, muito comum nos países nórdicos, chamado teste do alce. No teste, o carro acelera a 60 km/h e muda de direção bruscamente sem frear – simulando o desvio de um alce – e, em seguida, muda de direção mais uma vez, voltando à faixa inicial, para testar a estabilidade e comprovar que o carro não capota.

Chamaram a imprensa do mundo inteiro, falaram que o carro era tudo de bom, que não capotaria, e começaram o teste. No primeiro teste, em baixa velocidade, tudo bem. Na segunda volta, acelerou um pouco e conseguiu. Mas, na terceira volta, o carro perdeu a estabilidade e tirou duas rodas do chão, e graças à perícia do piloto o carro não capotou.

A Mercedes recebeu a reprovação e correu para ajustar o carro, colocaram freios ABS, fizeram suspensão inteligente, várias alterações e solucionaram o problema. Mas existe algum acrônimo com a Mercedes, ou alguém deixa de comprar um carro da marca por conta desse teste?

Ainda hoje, algumas pessoas, involuntariamente, evitam carros da Fiat porque algum parente, geralmente o pai ou o avô, diz que não é uma boa marca. Do mesmo modo, outras pessoas gastam milhares de reais em um carro da Mercedes, porque um especialista diz que é bom, ou porque seu ídolo também tem um. Esses dois casos exemplificam a enorme influência do senso comum, e mostram que ele detém um poder impressionante sobre o inconsciente das pessoas.

A FIAT poderia ter saído do país, mas não o fez, continuou aqui, investindo e se manteve, mesmo com essa fama negativa. Outras empresas poderiam ir embora, é claro, porque existe uma conta a ser paga. Depois desse incidente, parece que a montadora pagou o preço e aprendeu a lidar com o inconsciente.

Em uma promoção na Itália, eles deixaram os motoristas dirigirem, por uma semana, os melhores carros da marca, sem exigir nada em troca. E após uma semana, houve um incrível aumento das vendas dos modelos que foram emprestados, porque isso mexia com o instinto dos motoristas, eles sentiram um impulso natural e involuntário que os fazia comprar o carro, mesmo que não tivessem dinheiro, porque segundo o princípio da reciprocidade, impressa em nossa sociabilidade humana, eles precisavam retribuir o presente que lhes foi dado.

No caso da dinâmica do esquimó, para te conduzir para fora do senso comum eu também tive que pagar um preço, que foi a preparação, o treino e a possibilidade de alguém, logo de cara, acertar que o esquimó precisa da geladeira para preservar os alimentos e isolar o odor. Se essa resposta aparecesse logo no início da minha pergunta, iria gerar um problema porque não haveria o deslocamento de A para B.

Mas, no fim, eu paguei o preço e consegui conduzir você para fora do senso comum, argumentando que vender geladeira para esquimó não era enganação e, de difícil e distante, essa frase passou a fazer sentido, e agora é óbvio que o esquimó deve comprar uma geladeira.

Mas também existe outra dificuldade além da preparação, do treino e do preço a se pagar no processo de condução. Quando se conduz alguém de um ponto A para o ponto B, não devemos nos esquecer que todos temos nosso senso comum e somos constituídos de crenças e valores, e isso não é um problema, desde que aprendamos a lidar com isso. Mas existe uma linha vermelha dentro de todas as pessoas, a linha das convicções, que ninguém consegue ultrapassar sem se sentir incomodado.

Não podemos nos esquecer que a condução é como um esporte coletivo, não se joga sozinho, é preciso entender e reconhecer a importância do outro, respeitar a linha vermelha de cada um. Por isso, a cadeia de condução não será mais apenas de A-B, mas será AA-BB, afinal, você também tem que considerar os desejos e vaidades das outras pessoas que também estão inseridas no seu processo.

Nesse caso, para mandar os estímulos corretos, você tem que considerar o senso comum e levar em conta tudo o que você sabe sobre o outro, as preferências, os hábitos e os costumes, além de estar muito atento aos choques e conflitos que podem ocorrer pelas diferenças entre vocês dois, como um conflito de gerações, por exemplo. É como o caso da condução dos lixeiros, eles usaram estímulos corretos, como a dança e o assovio, para atrair a atenção da mulher e, com isso, alcançaram o objetivo de fazê-la bater a cabeça no poste.

Uma situação profissional que passei ilustra bem essa relação entre você e o outro no processo de condução. Um jovem funcionário da minha empresa, da geração Y, era três vezes mais produtivo que os demais.

Mas eu sou da geração X e carrego convicções por conta disso, por exemplo, considero indispensável a pontualidade no trabalho e acredito que é necessário trabalhar duro, ralar bastante, porque só com meritocracia se pode crescer na organização.

Vencer 360° – Equilibrando a vida

Já o comprometimento desse funcionário geração Y com a empresa é totalmente diferente, ele não sonha em fazer carreira trabalhando em uma única empresa, além disso, ele sabe que é mais produtivo e que será avaliado por resultados, por isso encara o trabalho de um modo diferente. O problema começa quando, por conta de minhas convicções, eu não aceito que os funcionários cheguem atrasado, mesmo com alta produtividade.

Certo dia, chamei o funcionário geração Y e disse que era importante ele chegar no horário. E o que ele fez no dia seguinte? Não chegou no horário, desconsiderou meu pedido. Isso começou a me deixar incomodado, então eu fui lá de novo e disse com todas as letras, preciso de pontualidade no trabalho, é importante para mim e por isso quero que você chegue no horário, ou eu posso te demitir. A ameaça até surtiu um efeito temporário, o funcionário foi pontual na semana seguinte, mas depois voltou a chegar atrasado.

Me restavam duas opções: eu podia demiti-lo e, para mim, seria péssimo, porque ele era três vezes mais produtivo que os outros, mas, ao mesmo tempo, ameaçar não estava resolvendo; ou eu teria que aceitar que ele chegasse todo dia atrasado e, sendo geração X, me corroer por dentro sempre que ele não chegasse no horário.

Tinha que achar uma saída para esse conflito, precisava conduzir ele do atraso (ponto A) para pontualidade (ponto B), ou então lidar com aquilo todos os dias tentando me convencer que a produtividade dele valia esse sofrimento.

A solução que encontrei foi considerar os dois lados, respeitar o senso comum, perceber a linha vermelha de convicções que cada um carrega, mandar os estímulos corretos e assim chegar a um acordo.

Reconheci que ele era três vezes mais produtivo e o parabenizei por isso, como líder realmente achava isso ótimo. Mas também expliquei para ele que nossa equipe tinha dez pessoas, e como sou da geração X, prezo pela pontualidade de todos os funcionários, e aqueles atrasos representavam dez pessoas desmotivadas, porque eu exigia pontualidade delas também.

Então propus um acordo, quando ele ficasse dez vezes mais produtivo que os demais funcionários, poderia chegar no horário que quisesse. Caso contrário, expliquei que precisaria de comprometimento e pontualidade, que não seria mais caso de produtividade, mas de desmotivação, e ele entendeu melhor o meu lado e nunca mais tivemos esse problema. Esse é um exemplo de como elaborar uma argumentação para montar um processo de condução de A para B e, com certeza, isso foi bem melhor do que demitir o funcionário.

A grande estratégia do processo de condução é estruturá-lo sabendo o preço que você terá que pagar, respeitando o senso comum e fazendo o deslocamento fase a fase, porque a pessoa, muitas vezes, não está no mesmo ponto que você, então você precisa trazê-la aos poucos.

É o que fiz com a Dinâmica do Esquimó, as pessoas começam com a sensação de que a frase é estranha, pura enganação, e só conseguem enxergar isso. Em seguida, com o passo a passo e os estímulos corretos, elas começam a ter uma visão maior do ambiente e então conseguem enxergar coisas que, até então, não estavam vendo, apesar de serem óbvias.

No final, elas se libertam daquela cegueira e conseguem ampliar sua visão para além de suas convicções iniciais, e são conduzidas do ponto A ao ponto B.

> Agora, chegou sua vez: monte um processo de condução AA-BB, ou seja, fazendo todo o deslocamento para alcançar seu objetivo, mas sem esquecer de considerar também os desejos e vaidades do interlocutor. Use o exemplo do conflito entre as gerações X e Y para se inspirar e encontrar os estímulos certos para cada perfil de pessoa e, assim, tirar obstáculos que te impedem de alcançar o seu objetivo com êxito.

CADEIA DIGITAL

Depois de 50 textos longos no formato de BLOG.

Depois de 100 vídeos no Instagram, meu programa "Só por um minuto". Depois de 15 anos trabalhando no projeto da WinnersMap. Depois de 30 anos trabalhando na área comercial.

Posso dizer que criei autoridade digital. Calma, não se iluda! Se fosse fácil qualquer um fazia.

Autoridade digital é volátil e perecível e, se você descuidar, pode colocar tudo a perder.

Um exemplo clássico é aquele professor que é mestre em muitos assuntos e não tem um artigo publicado nas mídias sociais. Alguns inclusive apresentam resistência na publicação.

Construída a Autoridade, vamos para a Audiência. Colocar uma melancia na cabeça e ficar pulando e dançando é uma forma simples e fácil de gerar audiência.

Chamar a atenção de forma sustentável é o primeiro reflexo de quando trabalhamos autoridade com audiência, importante, nessa sequência.

Feitas essas duas faces, a próxima é a visão integrada. Seu principal objetivo basicamente é garantir que a engrenagem fique lubrificada girando de forma tranquila.

Para finalizar, entramos na tão desejada conversão. CONTRATOS, PEDIDOS, CADASTROS, LIKES são alguns exemplos de conversões possíveis. Agora, saia do livro físico por alguns minutos, mas volte!!

Entre em nosso *site* e materialize as etapas que comentamos abaixo e explore todas as formas em que realizo nossa Cadeia Digital.

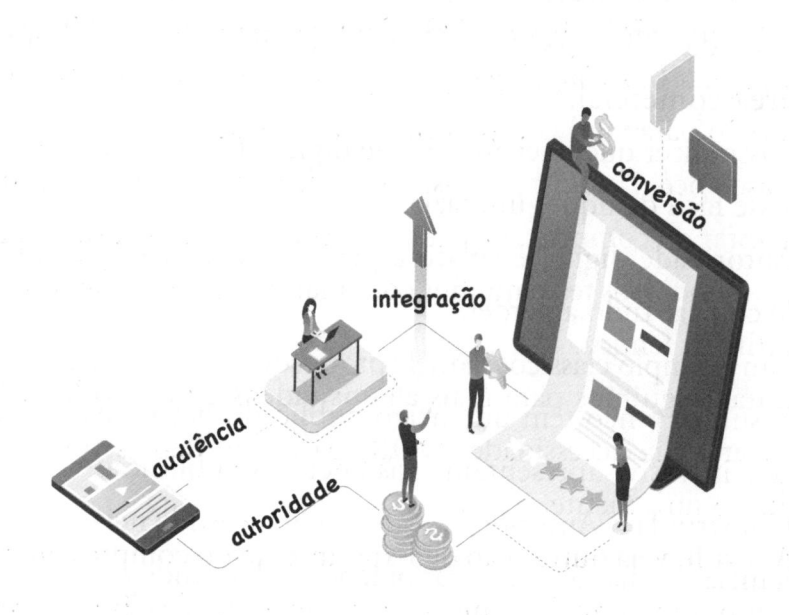

Para ficar ainda mais concreto, vou mostrar um exemplo prático de uma jornada que engloba de forma transversal diversas áreas da sua empresa...

Vou simular através da necessidade de construção de um SITE novo para aumento das conversões...

Coloque-se no lugar que quem recebe esse estímulo, um anúncio que aparece quando você está assistindo a um vídeo no YouTube.

O *Copy Writing* você consegue perceber logo de cara! A forma com que as pessoas falam é de um *script* que você já ouviu!

Aquelas mensagens que têm nas suas entrelinhas, Você que quer ganhar mais ou perder menos, Você que quer ficar rico trabalhando pouco...

Ao clicar, você é direcionado para o *site*, onde você pousa em uma página (*landing Page*) que logo tem um vídeo demo, com um botão para você comprar ou testar o produto.

Caso você não *click* para assistir o vídeo novamente ou assine para testar ou compre... logo abaixo você encontrará novas mensagens com novos testemunhos com mais imagens te convidando a continuar lendo.

Então seguimos para mais alguns vídeos e neste voltamos a enfatizar a sua necessidade (DOR) para logo depois apresentar a solução novamente.

A seguir, veja outra ação de Experimente ou compre com um desconto com prazo determinado com uma data de término breve!

Caso você desista e não compre, acontece o *re-mkt* onde alguém ou o sistema vai te enviar uma nova oferta com um desconto para você voltar...

Nesta ilustração a seguir represento esta Jornada.

Não se assuste... muitas empresas usam, pois funciona e não é ilegal.

Acontecem alguns abusos que, ao término do livro, você passará a perceber acontecendo o tempo todo.

Vencer 360º - Equilibrando a vida

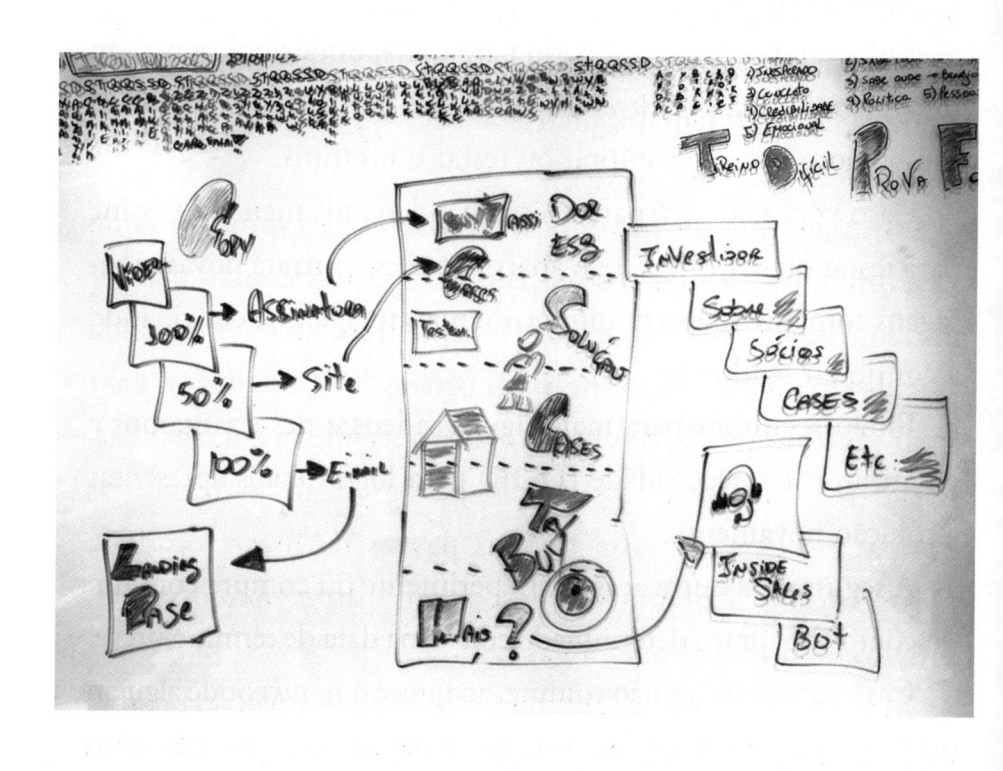

152

ESPINHA DE PEIXE

Por fim, chegamos na dinâmica final da Espinha de Peixe, onde vamos organizar nossa evolução até aqui. Quando proponho o processo de condução de A-B, antes de montar sua cadeia, sugiro fazer um desenho para treinar o poder de síntese e organizar aquela confusão mental. Então agora eu vou dar outra dica para organizar as coisas.

No diagrama da Espinha de Peixe, cada espinho é uma área diferente da vida, e o segredo é ser proporcional, manter um equilíbrio entre as áreas. Por exemplo, se a pessoa é da área de finanças e vai montar seu processo de condução para abrir uma empresa. Mas como ela é especialista em finanças, nessa área, escreve vários passos, porém, acaba deixando as outras áreas vazias, com poucos passos na mesma cadeia. Dessa forma, o plano fica desequilibrado e pouco viável, provavelmente, vai para a gaveta.

Mas a partir do momento em que você se preocupa com a proporção que atribui às diferentes áreas da vida, além do controle ficar mais visual, você realmente consegue executar tudo, porque, se você executar apenas o que se refere à sua especialidade, o resto fica prejudicado e você perde o equilíbrio.

Então o que eu quero mostrar é que a Espinha de Peixe é uma forma de você se organizar e distribuir proporcionalidade no seu plano estratégico. E o mais importante, quando você

Vencer 360° - Equilibrando a vida

se organiza assim, fica muito mais fácil visualizar, porque está desenhado, não escrito e, por isso, todo mundo entende, essa é a estratégia.

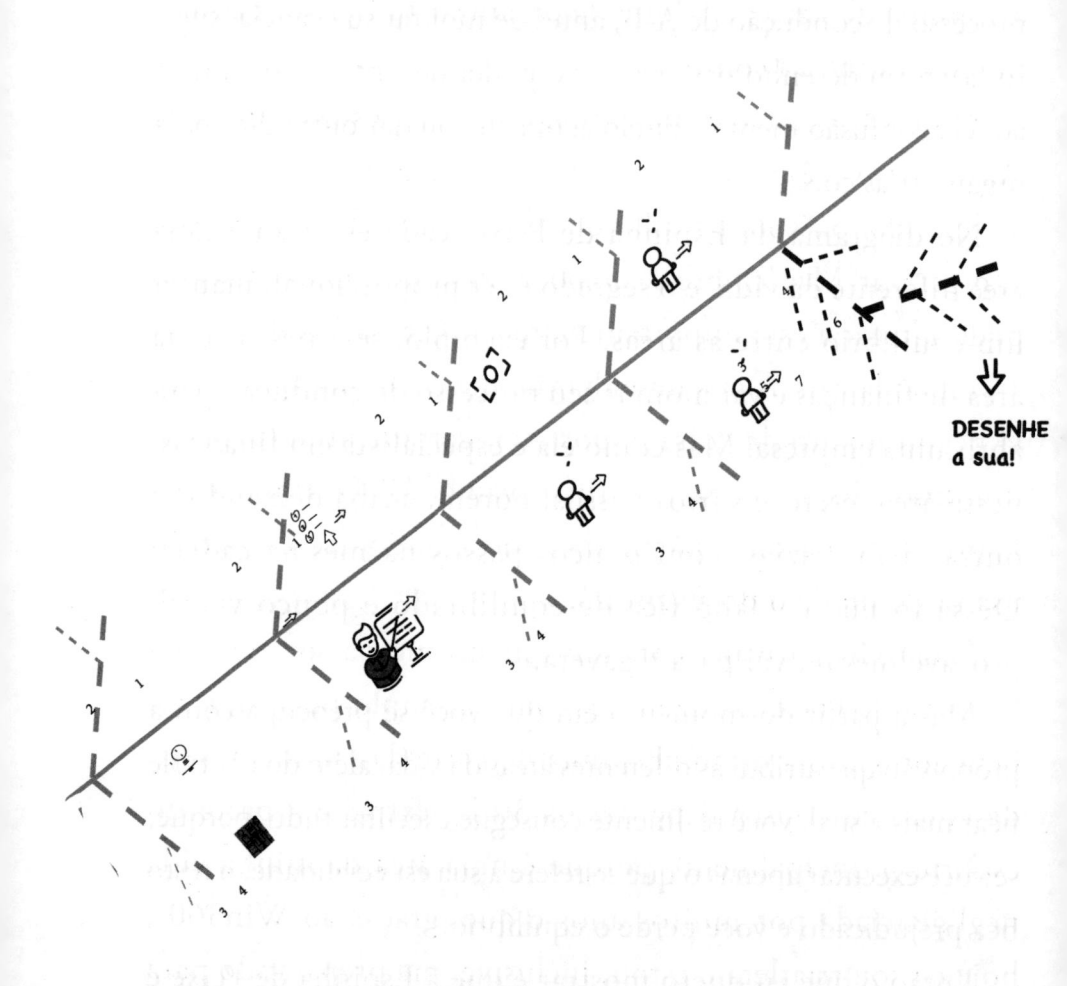

DESENHE a sua!

Dominic de Souza

Até aqui, você veio me acompanhando e, possivelmente, fez todas as tarefas propostas. Quando passamos pelo Esquimó, certamente você entendeu como todos os conceitos e processos se misturam, como num grande campo de futebol. Agora, com a Espinha de Peixe, é a hora de organizar tudo isso, passar a limpo a estrutura completa.

A minha sugestão é que você DESENHE a sua Espinha de Peixe, mas você pode fazer de outro jeito também, em lista, escrevendo, ou como avaliar que funciona melhor para você se organizar. Mas lembre-se do poder de síntese que o desenho pode agregar a esta importante tarefa organizacional.

Então lá vamos nós desenhar de novo, só que agora você já pegou o jeito da coisa e, por isso, certamente a angústia diminuiu. Estamos na reta final, vamos lá! Desenhe a sua Espinha de Peixe, a partir da cadeia que você construiu usando o modelo do Esquimó.

Para te incentivar a concluir este último passo, montei a Espinha de Peixe do lixeiro e, como exemplo pessoal, também apresento a minha Espinha de Peixe da saúde, ou seja, de como eu consegui perder os 30 kg extras e a parte do esporte. Principalmente porque é uma área da minha vida negligenciada por muitos anos e que, graças ao Win360°, hoje eu sou triatleta e estou, inclusive, me preparando para correr o próximo Iron Man, como prova da transformação da minha vida em 360°.

✓ REALITY CHECK

Caro leitor, chegamos ao final desta nossa aventura. Você passou por entender mais da minha história, dos meus casos de sucessos e sofremos juntos com os insucessos. Entreguei uma metodologia tática para você poder pegar realmente as armas na mão e vencer o seu maior desafio. Estou falando daquele que de tão grande você terá que ir mudar de profissão por um período.

Resolvido este desafio, temos um caminho estratégico que é objetivo, aliás onde você vai efetivamente organizar sua vida em 360 liderando seu real potencial.

Depois disso, conseguimos entender um pouco mais do como que a psicologia pode nos ajudar, falamos de Skinner e Pavlov, mergulhamos em Freud e o incrível foi a vivência, a forma com que registramos cada emoção, lembrando que se não exercitar, não criaremos MUSCULATURA, PERCEBER cada sentimento quando acontece um envolvimento efetivo com seu cliente ou com a sua vida percebendo o apoio da Psicologia nesta jornada.

Técnicas como *storytelling*, que eu acrescentei para agregar ainda mais as metodologias. Coloquei como tempero para você justamente contar também as suas histórias e montar as estratégias de uma forma ainda mais integrada e divertida.

Logicamente, essa jornada tem um produto final que é você conseguir justamente sair do PONTO A para o PONTO B levando em consideração que influenciar o outro é tão importante quanto entender o valor que essa influência representa para você. Nosso AA para BB sempre alinhados garantem sair do outro lado com o sucesso que buscamos.

Agora porque chamei este nosso epílogo de *"Reality Check"* ou Validação da Realidade. Para percebermos avanço ou retrocesso precisamos saber onde estamos. Simples assim, quando não praticamos o óbvio ele nos salta aos olhos! Não se sinta sozinho, muitos, muitos, mas muitos, inclusive eu, facilmente perdem o óbvio de vista!

Comentamos, no início, a respeito da diferença de vendas e *marketing* e, consequentemente, definimos o que é estratégico e tático. No *Reality Check,* vamos mergulhar neste tópico para finalizarmos nossa obra. Importante iniciarmos com um alicerce da Psicologia dentro do Existencialismo. Carl Jung comenta inúmeras vezes, que um tipo psicológico é diferente do outro, não é pior e nem melhor, é diferente. Um extrovertido é diferente de um introvertido. Se preferir, um homem é diferente de uma mulher e vice-versa. Não é melhor ou pior.

Apoiado neste alicerce da diferença, mergulhamos no *Reality Check*. Em um exército, temos o Soldado, o Arqueiro e o Comando. Nessa hierarquia, algumas características que eu vou colocar na mesa são:

Vencer 360° - Equilibrando a vida

- Item 1 - Quem morre primeiro - ou seja, numa guerra, o soldado é a linha de frente, é o soldado que vai morrer primeiro;
- Item 2 - Em seguida, o Arqueiro que provavelmente tem conteúdo um pouco diferente, sabe usar uma ferramenta, porém depois que o soldado morre ele é o próximo e da mesma forma;
- Item 3 - O comando que vai morrer ao final da batalha.

Onde persiste essa diferença? O soldado é mais como o departamento de vendas, é 80% do tempo tático, não quer dizer que não é estratégico, o soldado sabe e precisa dominar a estratégia, porém ele exercita em 20 % sua parte estratégica. Diferentemente do arqueiro, onde aqui associamos ao MKT, que deve ser 80% estratégico e 20% tático. Finalizamos com o Comando que é 100% estratégico, ele se apoia no soldado e o arqueiro para não ter que exercitar sua parte tática. Fazendo com que ele não precise necessariamente ir a campo. Importante lembrar que existem muitos e muitos casos que ter passado por uma experiência no campo ou ir ao chão de fábrica torna o comando ainda mais efetivo na sua comunicação.

Entendida esta estrutura, penso que se observe e valide onde você se encaixa. Se você é um Soldado, Arqueiro ou Comando.

Eu, por exemplo, minha vida inteira eu fui muito soldado, muito tático, tanto que criei o WinnersMap e depois de 20 anos, acredito que sou mais estratégico do que tático, hoje eu sou mais arqueiro. Eu não tenho as características que um comando precisa, que é 100% estratégico, é mais forte do que eu este meu lado tático e vou reforçar novamente não é de mérito ou demérito é característica.

Como no dia a dia precisamos navegar nos três níveis, vou te explicar como eu fiz isso ao longo desses 20 anos.

Como soldado, eu não tenho alguns "temperos" que os comandantes possuem e eles logo percebem, acredite e não se iluda, percebem e de forma rápida. Da mesma forma que o soldado tem os seus "temperos" que o comandante não tem e percebe quando o outro não tem também. Voltando ao nosso exemplo, meu foco sempre foi falar com os comandantes, eles sempre decidiram minhas vendas.

Foi quando tive a ideia de lançar meu primeiro livro "Como vender seu produto ou serviço como algo concreto" em 2005 e criei uma percepção de ser ainda mais estratégico do que tático, item valorizado pelos comandantes que são 100% estratégicos.

E aí, eu vou te contar mais um segredo, passado um tempo, eu escrevi outra obra na língua inglesa para o mercado internacional o "WinnersMap Methodology" e, que fique entre a gente, não vendeu nada. O livro era extremamente estratégico pelo qual eu queria passar uma mensagem de que este soldado aqui já tem livro publicado internacionalmente e conseguiu escrever em inglês, para quem ocupa uma posição de Comando perceberá e me aceitará dentro deste meio estratégico onde o comando está inserido e a comunicação irá fluir com mais naturalidade.

Finalizando este exemplo de 20 anos, o Win360º é justamente um mapa estratégico para melhorar ainda mais a comunicação com o Comando. O que não posso esquecer é que sou um bom Arqueiro, em várias situações sei ser Comandante, mas a minha essência, que antes era Soldado, hoje é de um Arqueiro.

O Comandante tem uma série de características que eu não tenho, ele anda no meio que eu não ando. Em diversas situações, eu exerço o papel de comando no meu dia a dia, na criação e explicação dos produtos que represento, porém numa organização grande eu não tenho as características para ser Comandante. Não pratico suficientemente esse lado Comando, 100% estratégico.

Às vezes pode ser qualidade, às vezes pode ser por uma característica ou às vezes pode ser porque eu não ando tempo suficiente nesse meio de Comandantes para absorver essa característica. Por isso que a gente chama de *Reality Check*, você tem que procurar entender a sua característica para encontrar uma estratégia para falar com quem tem as outras características. Não precisa se preocupar com isso, mas a ideia aqui é que você entenda o que você é, o que você precisa mudar, se você quiser, que precisa navegar entre Soldado Arqueiro e Comando.

Usando deste exemplo, o livro, quero ressaltar que, para navegar nesses três meios, tem um conceito tão importante quanto esse que amarra as pontas, facilitando o nosso entendimento na execução.

CONTEÚDO = CONFIANÇA, quanto mais conteúdo você tem mais confiança você terá e o Ambiente terá em você.

E não estou falando somente de confiança pessoal, uma empresa, quando ela contrata um comandante, ela deposita nele uma série de informações que são confidenciais, informações que são privilegiadas e, por consequência, essas informações são entregues, pois ele tem conteúdo para lidar com isso.

A relação é muito forte, muito mais do que acreditamos que é, quanto mais conteúdo, mais estratégico, mais confiança e repito, não é demérito o seu conteúdo se ele é mais estratégico, você tem mais confiança e confiança da organização em você. Sendo Arqueiro, você tem um outro conteúdo que tem um outro nível de confiança na empresa e, da mesma forma, Soldado, porém não se engane que o conteúdo e a confiança que é passada para um soldado é totalmente diferente de um Arqueiro e totalmente diferente de um Comandante.

A relação que apresento aqui é para você fazer seu *reality check*. Entenda onde você está, quem você é e que nível de conteúdo você tem para perceber em que nível de confiança você gera. O entendimento irá te auxiliar para navegar nesses três níveis e aplicando na sua vida, usando as metodologias WinnersMap quando você quer ser tático e o Win360º quando tiver que ser estratégico.

Vamos aos casos para sedimentar nosso epílogo?

Um dos clientes que eu abordei, e era um dos responsáveis pela maior verba de TI América Latina, estava palestrando em um evento e usei primeiramente O MENINO DE OLINDA, do Capítulo IV, ao descer do palco esperei os assédios terminarem, me aproximei e, após meu discurso do Menino de Olinda, caso você não lembre, Menino de Olinda aquele discurso onde eu falo sobre mim e alguns pontos estratégicos, neste caso eu falei do meu livro. Esse executivo retirou um cartão dele, escreveu o nome do secretário e pediu para eu entrar em contato.

Nós tivemos a reunião nesse momento, esse Comandante me viu como um Comandante por causa do meu livro, por causa do conteúdo do meu discurso e, por consequência, conquistei a confiança dele para essa reunião.

Percebe qual seria a diferença, se eu entrasse com abordagem de Soldado, ele não iria me receber, reforçando o conceito que Comandante fala estratégia e, para se comunicar bem com Comandantes, você tem que trazer à mesa alguma coisa de Comando, alguma coisa estratégica.

Vamos para nosso último exemplo. Me chama atenção, e de novo, é como eu quero amarrar esse nosso epílogo do livro é que você tem que entender onde você está, para você poder saber como atuar.

No meu *Reality Check*, é muito claro que eu sou um Arqueiro. Eu consigo me comunicar com Comando, porém eu sou um

Arqueiro. Fui nessa reunião com uma das maiores empresas de varejo do Brasil e este executivo tinha somente 32 anos, só nesse grande varejista, uma brilhante carreira nesse segmento.

Precisei entender que eu como Arqueiro e não Comandante, não conseguiria trazer informações que seriam novidades para esse executivo, para esse Comandante. Então a estratégia foi primeiro agradecer a reunião e as informações que o executivo iria me fornecer e entregar a minha obra como forma de devolver a troca de informações que receberia. Colocando um clima de estratégico para estratégico. Ele me deu espaço, me contou histórias, aprendi muito, nasceu um projeto. Ressalto que em nenhum momento eu entrei achando que era comandante, entrei entendendo que eu tinha que me portar como um Comandante para conquistar a confiança e isso foi feito através de conteúdo.

Quero terminar a nossa aventura literária pontuando que antes de você usar o WinnersMap, antes de você usar o Win360º, antes de começar a mudar sua vida, faça essa crítica e perceba onde você se encaixa, quem você é, se você é mais tático, operacional como Soldado, se você é mais estratégico, um Arqueiro, ou se você é 100% estratégico, um Comandante. Sem se iludir, pois é característico! Sem mérito ou demérito.

Encerro esta obra que fiz com muito carinho, muito suor, muitas lágrimas, mas também com muita alegria e, se eu conseguir te ajudar que seja um pouquinho, já valeu e muito!

Vencer 360° – Equilibrando a vida

> Mais do que tudo é poder ter te AJUDADO
> a chegar mais perto do que você
> acredita ser SUCESSO.

CONTEÚDO
CONFIANÇA

COMANDANTE
100% ESTRATÉGICO

ARQUEIRO MARKETING
20% TÁTICO
80% ESTRATÉGICO

SOLDADO VENDAS
80% TÁTICO
20% ESTRATÉGICO

Capítulo VI

Capítulo VI:
Storytelling

Agora que passamos por todas as etapas do Win360°, quero ressaltar alguns conceitos que me ajudaram muito a criar e desenvolver a minha metodologia. E o primeiro ponto que gostaria de lançar luz é sobre o *storytelling*, uma palavrinha que pegamos emprestado do inglês e, atualmente, está muito na moda, principalmente porque descobriram que a chave de qualquer negócio – e qualquer negócio mesmo – é sempre a comunicação.

O *storytelling* não faz parte da metodologia Win360°, porém ela é intrínseca a todos os meus métodos e cursos. Eu quero dizer que, apesar do *storytelling* não fazer parte dos passos do Win360°, se você o aplicar, funciona muito bem, porque reforça todos os conceitos em que trabalhamos até agora. Existem muitos cursos específicos de *storytelling* no mercado, dependendo da aplicação que você pretende dar a ele, porém, eu quero passar alguns conceitos para você aplicar nas vendas.

Atualmente, com o avanço das tecnologias, especialmente aquelas ligadas à comunicação, o *storytelling* não fica restrito apenas às conversas face a face, mas também se aplica aos ambientes virtuais e de trabalho. Por isso, vou apresentar o *storytelling* aplicado, também, em diferentes plataformas, como o LinkedIn, nos *e-mails* e nas reuniões.

E para ilustrar ainda mais esse roteiro de *storytelling*, vou explicar também como eu consegui ganhar um concurso de vídeo, um prêmio bastante interessante, aplicando o *storytelling* à venda de um produto que todos conheciam, mas nós inventamos uma forma mais criativa de apresentá-lo.

Então qual é o conceito do *storytelling*? Em primeiro lugar, você tem um personagem. Esse personagem é introduzido, é explicado, e as pessoas precisam se identificar com ele. Já que estamos na época d'Os Vingadores, como um fã declarado, eu não poderia deixar de citá-los como exemplo.

Nesse caso, já que estamos falando de nossos super-heróis, apresentam-se vários personagens, e você vai entendendo a história, introduzindo uma série de informações em paralelo. Em segundo lugar, esses personagens começam a passar por um processo de negação, onde algumas coisas do passado começam a vir à tona, às vezes, a não aceitação dos próprios poderes, por exemplo, ou de suas fraquezas.

Nesse processo, uma ferida do passado é aberta, e então os personagens têm que lidar com esses problemas.

E foi o que aconteceu com Os Vingadores, eles perderam a luta e foram para o fundo do poço. Em seguida, aparece algum mentor, e as pessoas se juntam, ou as coisas crescem, e então o personagem começa a se fortalecer, e assim por diante.

Mas logicamente, antes de se fortalecer, ele vai passar por grandes dificuldades, e é neste processo que as pessoas vão se identificar com ele, afinal, quem nunca teve problemas? Então eles vão sofrer, vão lutar e, no caso d'Os Vingadores, enfrentar o Thanos e, provavelmente, não vai ser uma luta simples para, finalmente, conquistar efetivamente o que estava projetado para os personagens.

A estrutura do *storytelling* é basicamente esta: apresenta um personagem, mostram-se as feridas abertas desse personagem, ocorre a negação dessas feridas, ele se une com uma série de mentores para, no final, depois de passar por grandes dificuldades e por um processo de sofrimento, conquistar aquele ponto que buscou durante todo o filme.

Bem, agora vamos trazer o *storytelling* para dentro de vendas. A estrutura continua a mesma, porém, vou modificar algumas coisas para você entender melhor. Em primeiro lugar, o personagem principal é sempre você, porque é você que vai comandar a história e toda a operação, mesmo que você não seja o protagonista em todas as situações.

Depois, em um círculo maior, estão localizados os personagens secundários, e é aí que mora o segredo.

Esses personagens secundários, por diversas vezes, vão ser caracterizados como protagonistas, você vai fazer com que eles brilhem mais do que o ator principal, que é você. Então um ponto importante é decidir o momento certo em que esse personagem secundário, o cliente, por exemplo, vai se tornar o protagonista, justamente para você conseguir atingir as suas metas.

Vou exemplificar como se faz o *storytelling* em diferentes plataformas, começando pelo *e-mail*, em seguida, vou contar uma história de como se faz isso no LinkedIn, e depois uma outra história de como se faz isso em uma reunião, e vai ficar explícita essa relação de alternância de protagonismo dos personagens, tanto primário, quanto secundários. E, por fim, vou contar uma história muito especial, da qual eu me orgulho muito, para que você possa perceber como eu apliquei o *storytelling* e até fui premiado por isso.

STORYTELLING NO E-MAIL

Para exemplificar como usar o *storytelling* em um *e-mail*, vou contar um caso em que eu queria um desconto para participar de um evento. Como eu era o personagem principal, então, neste *e-mail* que você vai ver, eu iniciei contando minha trajetória, mostrando a história do personagem para criar uma empatia e identificação com o leitor: "sr. Destinatário, recentemente passei por um período de grande transformação, emagreci trinta quilos, passei por um processo delicado, e queria consagrar essa conquista, depois de muito esforço, no evento onde você é o grande organizador".

Nesse primeiro parágrafo, eu estou explicando o cenário do personagem principal, nesse caso, eu. Depois de feita essa introdução, lembra das dificuldades que o personagem principal passa? É a hora de entrar nesses detalhes:

"Eu havia me programado para investir uma determinada quantia neste evento, mas quando fui fazer a inscrição, me deparei com um aumento significativo no valor. Tentei o suporte de outras pessoas, tentei pegar esse dinheiro emprestado, mas não consegui".

Nessas linhas, buscamos explicar o esforço necessário para atingir o objetivo, que era participar do evento, agora em um novo cenário, com um novo valor. Terminando, eu pontuo, "mas não consegui", reconhecendo as dificuldades.

Porém, antes de eu pedir o que eu desejo, um desconto para participar do evento, deixo clara a importância do personagem secundário, que, nesse caso, eu enalteço falando: "olha, agora que você é responsável por esse evento, que é um evento internacional, um evento que eu sempre acompanho...". Você deve realmente enaltecer o personagem secundário e fazer com que ele se sinta orgulhoso, porque ele é o protagonista nesse momento.

Terminado esse enaltecer, eu entro com a solicitação, onde eu deixo claro que essa conquista é de duas pessoas. Então eu explico para ele dizendo: "agora está nas suas mãos me permitir consagrar essa conquista junto com você". E, basicamente, eu fecho o *e-mail*. Esse personagem é notoriamente conhecido por não dar descontos, mas, após alguns dias, eu recebi o *e-mail* onde eu consegui, efetivamente, o desconto do qual eu precisava para participar do evento.

Então nesse *e-mail*, de aproximadamente cinco ou oito linhas, eu passei por toda uma história, onde eu consegui construir o personagem principal, trazer quem ele é e introduzi-lo, depois mostrar as dificuldades, mostrar todo esforço, e depois enaltecer justamente o personagem secundário, que é especialmente importante nessa hora, terminando com a solicitação que deixe evidente que a conquista será de ambas as partes.

STORYTELLING NO LINKEDIN

Pessoal, agora eu vou falar do *storytelling* no LinkedIn. Apesar de já aparentar ser velho, vou disfarçar minha idade e mostrar para você como a gente deve usar o LinkedIn para conseguir conquistar as pessoas. Eu acredito que é uma ferramenta que, mesmo que alguns não usem, todos a conhecem.

O primeiro ponto importante é deixar o seu perfil bem estruturado, bem interessante, convidativo, dando vários tipos de métricas, contando a história do personagem principal, que não se esqueça, é você. Então antes de executar essa estratégia que eu vou falar para você, confira seu perfil, veja se está claro o que você faz, se sua história está bem contada, e, caso for na área comercial, mostre também as métricas alcançadas. Aliás, se você quiser, visite o meu perfil no LinkedIn e olhe a estrutura que eu montei e as palavras que eu uso, com certeza vai te ajudar.

Visite meu perfil!

Feito isso, é um passo a passo sistêmico, então você tem que seguir. De tempos em tempos, o LinkedIn executa algumas alterações, mas o conceito dele dificilmente vai mudar, então é relativamente simples você aplicar o *storytelling* nessa plataforma.

Em primeiro lugar, conte a história do personagem principal e organize o perfil. Em segundo lugar, é o momento de localizar o personagem secundário, que pode ser tão importante quanto o principal, e você aperta o comando "*Connect*". Quando conectar, vai abrir uma mensagem dizendo assim: "Por favor, faça parte da minha rede", e a maioria das pessoas simplesmente as envia. Mas, no nosso caso, não faremos isso. Em vez de mandar a mensagem automática, clicamos em "*add note*". É nesse momento que você vai inserir a sua história.

Novamente, usando o nome do personagem secundário, você deve explicar a sua história. No meu caso, eu costumo falar para meus clientes que vai ser um grande privilégio atender sua empresa, ou terei o privilégio de atendê-lo, enaltecendo o personagem secundário, em seguida, introduza, na história, a parte das dificuldades, sua trajetória e o desafio que você terá junto dessa pessoa.

No meu caso, geralmente, quero falar de inovação, ou um assunto específico, que seja importante para ambos. E concluo dizendo que seria interessante nos encontrarmos em alguma oportunidade, ressaltando que a conquista vai ser importante para os dois lados. Quando esse roteiro estiver escrito, você pode enviar o pedido para o personagem secundário.

Depois disso, passadas algumas horas ou no dia seguinte, mande um *e-mail* com um mesmo conteúdo, para reforçar a mensagem. Em seguida, especialmente no meu caso, que tenho que fazer muito *cold calling*, geralmente ligo para as pessoas para entrar em contato com elas. Na prática, você estabelece três pontos de contato e essa pessoa vai receber a mensagem da sua história por vários ângulos, e isso aumenta a chance de sucesso da sua abordagem.

Assim, o *storytelling* aplicado ao LinkedIn passa pelos seguintes passos: contar uma história como personagem principal através de um perfil atualizado; acrescentar as dificuldades e superações no enredo da história; fazer corretamente o convite; apresentar o que você quer trocar com essa pessoa; vocês se encontrarem e conquistarem juntos o produto dessa conexão.

STORYTELLING EM REUNIÃO

Quando se tem mais de 20 anos fazendo reuniões, trabalhando em vários mercados diferentes e interagindo com tantas pessoas, você acaba criando um grande repertório de histórias. Vou compartilhar um momento no qual foi difícil conquistar a credibilidade que eu precisava, então vou contar como tive que fazer o *storytelling* em pleno voo, no meio de uma reunião.

É importante ressaltar que são as sutilezas que, na maioria das vezes, fazem toda a diferença, e é sempre importante entender a relação entre personagem primário e personagem secundário, porque eles vão intercalar o protagonismo, por isso você tem que saber usar o seu *storytelling*, a sua técnica, no momento certo.

Essa história que passei começou muito antes da reunião, quando eu montei o meu *cold call* preparando a história, ligando para o personagem secundário e explicando para ele de onde eu vinha, o que eu queria, o quanto poderia ser interessante para ele me conhecer e o quanto eu poderia agregar.

Marcada a reunião, fui pesquisar sobre meu personagem secundário e descobri que de secundário ele não tinha nada. Encontrei várias fotos dele com personagens importantes da história do Brasil, uma pessoa renomada, experiência de mais de 30 anos de atuação, com um notório saber não só da sua área, mas de todo o mercado.

Logicamente, eu fui preparado e estruturado. Entramos na reunião e, observando a sala de forma bastante rápida, notei alguns pôsteres, inclusive alguns eram das matérias que eu tinha lido, e logo localizei a minha posição. Entendi que, hierarquicamente, por respeito e uma série de perspectivas, eu era o personagem menor, apesar de ser o personagem principal que estava conduzindo, nesse caso, o personagem secundário era mais importante do que eu em vários aspectos.

Quando iniciada a conversa, ele me explicou o cenário: "olha, eu estou te recebendo pelo seu discurso, mas eu queria entender melhor porque nós teríamos algo a conquistar juntos?" Logo comecei apresentando, de forma estruturada, algumas soluções genéricas que poderiam reduzir custos e aumentar os lucros, mostrando como poderia agregar no desenvolvimento da empresa.

O processo estava indo bem e o cliente gostou das soluções que eu apresentei, porém, confesso que eu pensei que não tinha conquistado o respeito dele no nível e no compromisso que eu precisava. Sabe quando fica uma sensação de que a história é boa, faz sentido, mas não deu liga?

Felizmente, sempre levo comigo os livros que já publiquei, e apresentei meu livro mais recente como agradecimento pela troca de informações que tivemos. Nesse momento, percebi que a história tinha fechado, ou seja, naquele último momento que eu consegui entregar minha obra literária, esse personagem acabou se identificando comigo e dali o processo aconteceu de uma forma natural.

Por mais que você esteja muito bem preparado para uma reunião, às vezes, as coisas não saem como planejado, porque você não percebe o momento correto de utilizar as melhores ferramentas. É por isso que você tem que perceber o momento correto de dar protagonismo ao personagem secundário, e também saber a hora de assumir o protagonismo, então eu trouxe à mesa meu diferencial que fez com que nós dois pudéssemos nos conectar.

Porém, conseguir entender como o *storytelling* funciona nesse processo de reunião, como várias histórias acontecendo a cada momento, não é simples e requer prática. No final, a reunião que era para ser de 15 minutos acabou levando uma hora, mas, ao sair, eu senti que havia conseguido conquistar o meu personagem secundário, que nesse caso, era o mais importante da história.

Portanto, não esqueça de se preparar, conhecer bem quem você vai encontrar e reservar um diferencial que você tenha adquirido na sua jornada – que, no meu caso, foi o livro, e no seu, pode ser uma história importante – e saber como você pode agregar ao cliente para vocês conquistarem juntos.

Eu me lembro até hoje quando conheci um senhor que o diferencial dele, o que ele trazia para a mesa, era ser piloto de aviões de acrobacias, e ele recorria a essa história para conseguir conquistar o interlocutor sempre que percebia que não estava indo bem. Então, seguindo esse exemplo, traga o seu diferencial para usar como aquela última cartada! Essa é a minha dica.

STORYTELLING EM VÍDEO

Agora vamos aplicar o *storytelling* em vídeos. Você pode reparar, e isso está chegando com muita força no Brasil, que vídeos estão sendo cada vez mais utilizados, inclusive, vídeos em que vendedores se apresentam para os clientes, descrevendo as características do seu produto, e assim por diante. No meu LinkedIn, você encontra alguns vídeos de exemplo, onde eu falo de educação financeira e de muitos outros assuntos. Então é interessante você se familiarizar com esse processo, porque está cada vez mais comum as pessoas usarem esses vídeos para se comunicar com os clientes.

Gosto de contar um *case* em que gravei um vídeo para mostrar que eu não estou falando de *storytelling* porque é legal ou está na moda, mas porque é realmente possível se dar bem e ganhar dinheiro com isso. Quando eu fiquei sabendo que estava aberto um concurso no LinkedIn, que premiaria os dois melhores vídeos, percebi que muitas pessoas não quiseram participar e perderam a chance, mas ficaram surpresas quando ganhei o prêmio. É como eu digo, quando você faz um negócio estruturado, pode ser trabalhoso, mas não é tão difícil, então vou contar essa experiência que foi uma parte importante desse processo.

Havia uma concorrência bastante grande, e apenas os dois vídeos mais interessantes seriam premiados, por isso me engajei na disputa. Nesse processo, recebemos as regras, e eu as estudei nos mínimos detalhes para entender o que era necessário e importante para quem estava avaliando, e decidi montar o meu *storyboard*, ou seja, como aconteceria essa história.

Eu utilizei o mesmo modelo de personagem principal e secundários que já falamos, só que, dessa vez, eu escolhi um modelo baseado no famoso seriado Friends, que ficou muito tempo no ar e se tornou uma das séries mais famosas de todos os tempos.

O modelo de sucesso do seriado, copiado por diferentes produções posteriores, tinha a capacidade de, em um episódio, apresentar uma história que podia ser entendida do início ao fim, sem que fosse necessário ter assistido aos outros episódios, nem entender todo o contexto da série. E eles ainda conseguiram amarrar, na conclusão de cada capítulo, uma piada feita no início do episódio. Então, baseado nessa estrutura, eu montei meu *storyboard*.

Nessa história, em primeiro lugar, coloquei uma pitada de coisas pessoais do personagem primário, no caso, eu. Esse ponto pessoal foi a trajetória de emagrecimento de 30 kg que eu passei, da fase de sedentarismo até a prática de triátlon que eu faço até hoje. No vídeo, porém, essa parte é apresentada como uma leve pincelada, sem mergulhar muito ou explicar em profundidade.

Em seguida, comecei a pontuar os problemas que o mercado está passando, trazendo informações com uma linguagem bastante simples. Da mesma forma, expliquei os principais pontos do produto de uma maneira bem acessível, e passei a ressaltar essas características através de *cases* que ilustram o produto, intrigando quem assistia e apresentando soluções para os problemas levantados anteriormente.

Então entendemos os problemas de mercado com uma linguagem acessível, apresentamos o produto de uma forma diferente e contamos alguns *cases* em que o produto resolveria esses problemas de mercado, utilizando, inclusive, onomatopeias e ruídos, como um som de motor de carro (vrum), ou seja, utilizamos diferentes elementos para atrair a atenção de quem assistia.

E, nesse processo, avançamos para o final, que é justamente celebrar, ou seja, mostrar as conquistas, como o produto poderá ajudar a resolver os problemas de mercado e os benefícios que o cliente vai ter ao trabalhar comigo. Essa é a estrutura do *storytelling* aplicado em um vídeo, que é importante ressaltar, não pode passar de cinco minutos, para não ficar cansativo.

Com essa estrutura, eu consegui apresentar o produto de uma forma diferente, através do *storytelling*, e conquistar um ótimo prêmio. Portanto, comece a se preparar montando o seu *storyboard*, faça alguns vídeos e, certamente, esse vai ser um grande diferencial. Afinal, depois de passar por todo o método de transformação do Win360°, posso apostar que você já pode consolidar uma ótima história sobre a sua vida.

Capítulo VII

Capítulo VII:
Como eu saí do outro lado

CICLO MATURIDADE – FRUSTRAÇÃO

Em primeiro lugar, meus parabéns! Você chegou até aqui, terminou todos os passos do Win360° e já sabe o que precisa ser feito para sair do outro lado sempre que o mundo dá voltas. Agora, mãos à obra! Com vontade e dedicação, treinando e aplicando o método no seu dia a dia, tenho certeza de que você, assim como eu, dará a volta por cima na sua vida.

Apesar dos benefícios evidentes que essa transformação pode te proporcionar, gostaria de deixar claro que o grande ganho deste processo está, na verdade, nas muitas lições de vida e em todo o aprendizado que adquirimos a cada nova etapa ou desafio. Por isso, neste livro, quis evidenciar o peso e a importância que algumas experiências tiveram em minha vida, principalmente, por me permitirem revisar minha postura e convicção, e aperfeiçoar os detalhes desta metodologia que lhes apresentei.

Como você pôde acompanhar, o resultado empírico do Win360° aplicado à minha vida pode ser comprovado através dos pilares da saúde e das finanças, áreas que acabei negligenciando e foram reequilibradas com 30 kg a menos em minha silhueta e a quitação de R$ 700 mil em dívidas.

Vencer 360° – Equilibrando a vida

Mas hoje eu tenho certeza de que a maior riqueza deste processo é o aprendizado de cada etapa, afinal, diante dos novos desafios, por pior que fosse o cenário, eu aprendi a tirar uma lição e me fortalecer. Aliás, acredito que só me transformei na pessoa que sou hoje graças a tudo que passei, pelo grande impacto que isso teve na formação de minha personalidade, e foi isso que me fez sair do outro lado, quando tudo parecia ir contra mim.

De todas as histórias que contei, e do conhecimento prático e das lições que extraí, deixei para nossa última reflexão uma ficha que só me caiu, justamente, depois de passar por tudo isso: aprendi que para amadurecer é preciso passar pela experiência da frustração, e que, então, é preciso cair para poder se levantar. E essa é a última história que eu vou contar para você.

Seja nas capas de revistas, nas redes sociais ou nos filmes, diariamente somos bombardeados com imagens de pessoas sorrindo, sempre felizes, como se ninguém, em algum momento da vida, já se sentiu triste ou decepcionado. Como se a vida de alguém só valesse a pena, se ela estiver contente 24 horas por dia, por isso eu quero terminar este livro falando sobre depressão.

Em minhas aulas, questiono meus alunos se eles acham que deprimir é bom e, invariavelmente, eles dizem que não. Por isso, eu gosto de explicar que, mais do que bom, deprimir é necessário para nossa saúde mental! E como eu aprendi isso? Acho que você já tem uma ideia. Durante vários momentos da minha vida, passei por inúmeras dificuldades e, nem por isso, perdi a cabeça com alguém. Não à toa, muitos me perguntam, ainda hoje, como eu consegui a façanha de me manter íntegro diante de tantos desafios. Quer saber o segredo? Você precisa deprimir para poder seguir em frente.

Diante dos desafios, haverá momentos em que você terá que deprimir para assimilar o golpe e prosseguir. E isso não é feio, nem motivo de vergonha, pelo contrário. Cada vez mais, tenho percebido como as pessoas evitam se deprimir em nome de uma fantasia de felicidade eterna e, o que elas não percebem, é que esse é o maior dos seus males.

É importante perceber que somos seres humanos e proporcionais, o que quer dizer que, se sua alegria ou animação chega no nível 1, sua tristeza e depressão tendem a ser proporcionais, por isso – aquele bom e velho clichê – quanto mais alto você chegar, maior será o tombo.

Essa é a triste lógica que está por trás da história da maioria dos viciados em drogas. Em busca de prazer e bem-estar, recorrem às drogas que, momentaneamente, suprem essa necessidade. Porém, na medida em que alcançam um determinado nível de felicidade, pouco tempo depois, acabam se afundando no mesmo nível de depressão e abstinência, logo buscando doses cada vez maiores de entorpecentes, sem saber que, quanto mais usarem, maior será a depressão. É assim que funciona o vício, baseado na proporcionalidade das nossas vontades e reações.

E qual lição podemos tirar disso? Nunca recorrer às drogas – claro – porque sabemos ser um caminho sem volta, mas, sobretudo, que não podemos ignorar o fato de que a depressão faz parte do ciclo de vida útil, seja das drogas, dos produtos ou das pessoas. Então se você tira dez em uma prova ou encontra uma pessoa legal, vai chegar no nível 5 de alegria, mas, depois, em algum momento, sua depressão também será menos 5, quando você não for tão bem assim num teste ou se sentir um pouco sozinho, afinal, somos proporcionais.

E onde as pessoas mais erram? Elas desconsideram completamente isso, por isso, eu brinco, elas enfartam! Quando se ignora o fato de que é preciso deprimir para ser feliz, vivemos uma ilusão de que sempre estamos por cima, de que tudo está indo bem e nada pode nos abalar.

É por isso que eu falo para os meus alunos, perdeu uma proposta incrível? Errou com um cliente e a venda foi recusada? Não passe por cima disso como se tentasse fingir que não aconteceu, permita-se sofrer por um momento. Vá fumar um charuto, refletir e chorar um pouco, sentir a dor a mesmo, senão aquilo vai se acumular em um canto escuro dentro de você.

E aí, quando você menos espera, diante de uma situação que talvez nem seja tão estressante assim, você vai perder a cabeça. E se, por outro lado, você se permitir esses momentos de depressão natural do ser humano, acredite, mesmo diante das piores dificuldades, você será preservado e sairá ainda mais forte.

Dominic de Souza

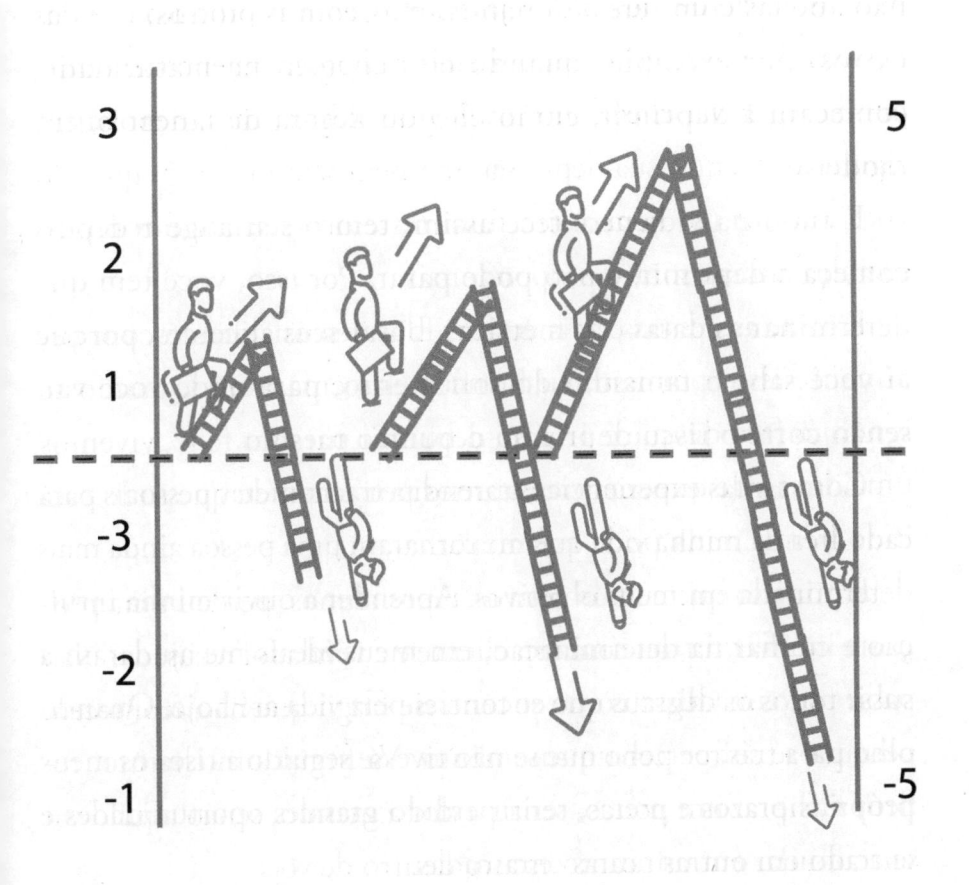

E eu dou o exemplo, Domenico De Masi, do ócio criativo, explica porque deprimir é importante e necessário, e você tem que entender que esse processo acontece o tempo todo, não apenas com seres humanos, mas com produtos, com os carros, por exemplo, quando eles chegam na maturidade, começam a deprimir, então chegou a hora de lançar outro modelo.

E tudo na vida acontece assim, tem o seu auge e depois começa a deprimir, e não pode parar. Por isso, você tem que determinar as datas e as métricas, botar seus alicerces, porque aí você sabe o tamanho do sofrimento, para onde você vai, senão corre o risco de ir para o buraco mesmo.

Com tantas experiências, aprendi a traçar metas pessoais para cada área da minha vida que me tornaram uma pessoa ainda mais determinada em meus objetivos. Aprender a ouvir minha intuição e confiar na determinação, em meus ideais me ajudaram a subir todos os degraus que encontrei pela vida até hoje. Quando olho para trás, percebo que se não tivesse seguido à risca os meus próprios prazos e metas, teria perdido grandes oportunidades e entrado em outras tantas enrascadas.

Com os métodos que desenvolvi, fui capaz de alcançar muitas de minhas metas. Acima do peso, desenhei toda a cadeia de condução que me levaria até o peso ideal. Exercícios, nutricionista, psicólogo, cirurgia bariátrica, e mais um pouco de exercícios, tudo seguido à risca e, no final, estou 30kg mais magro!

Mas não é porque eu atingi as metas que decidi parar, ou não precise mais do Win360°, afinal, querer é diferente de precisar. Estamos sempre buscando a evolução, atrás de novos projetos, e para isso precisamos de metas para manter o controle e o equilíbrio de nossa vida.

Por isso, as dicas que dou neste livro, como a Espinha de Peixe, são fundamentais, porque além de ajudar a organizar nossas metas, também nos ajudam a manter o equilíbrio entre as diferentes áreas da vida. Se você deixar de lado as finanças, porque já reorganizou as contas, ou então priorizar algum aspecto específico da vida, como a família, e negligenciar os demais, você certamente ficará desequilibrado em alguma seção, e terá problemas no futuro.

Por isso, o Win360° é um método contínuo que pode ser aplicado em todas as áreas, mesmo antes de você sentir que um desequilíbrio está virando sua vida de cabeça para baixo, porque todos os pilares da vida são igualmente importantes. Portanto, neste livro, compartilhei todo conhecimento que apliquei durante minha vida com você, porque realmente acredito no poder transformador das pessoas, e com o Win360° espero ajudar o maior número possível de pessoas a também viverem seu potencial em 360°.

Vencer 360° - Equilibrando a vida